ESPAÑOL PARA EL HISPANOHABLANTE EN LOS ESTADOS UNIDOS

Second Edition

Alfonso González
Mirta A. González

UNIVERSITY
PRESS OF
AMERICA

Lanham • New York • London

Library of Congress Cataloging-in-Publication Data
González, Alfonso, 1938-
Español para el hispanohablante en los Estados Unidos
/ Alfonso González, Mirta A. González. — 2nd ed.
p. cm.
Spanish and English.
1. Spanish language—Grammar—1950-
I. González, Mirta A. II. Title.
PC4112.G64 1992
468.2—dc20 91-30787 CIP

ISBN 0-8191-8434-9 (alk. paper)
ISBN 0-8191-8435-7 (pbk. : alk. paper)

ACKNOWLEDGMENTS

Bloque de Armas Publications (**Vanidades**) for permission to reproduce several articles and commentaries.

Contenido for permission to reproduce "Incendio Teledirigido" (April, 1981) and several other articles and commentaries.

Manuel Carvajal for "Telenovelas venezolanas se imponen en los EUA" (**Vanidades**, January, 1986)

Antonio Lozada for "El genio de las telenovelas: Delia Fiallo" (**Vanidades**, March, 1986)

Fabiola Morera de More for "Pollo al vino" (**Vanidades**, November, 1985)

Gloria Pérez, for "Tesoros: Nuestra Señora de Atocha" (**Vanidades**, October, 1984)

Isabel Pérez for "Edad: 81 Años; Afición: La Lucha Libre" (**Contenido**, July, 1981)

Mauro Rodríguez for "Diario de una víctima de robo de auto" (**Contenido**, October, 1986)

Mari Rodríguez Ichaso for "Madrid 86", and "El sitio ideal para vacaciones y compras" (**Vanidades**, January, 1986 and April, 1985)

Mary McGregor Villarreal for "La artesanía mexicana en Los Angeles: Formas en transición" (**City Roots Festival**)

Indice de Materias

PREFACE

Español para el hispanohablante en los Estados Unidos is a Spanish grammar text designed for Spanish speakers who also know English. Current methodology in the teaching of Spanish to Spanish speakers is based on the belief that native speakers already know Spanish, and that such students primarily need to polish their orthography.

The authors of **Español para el hispanohablante...** believe that by the time Spanish speakers get to high school or college, their dominant language is English, not Spanish. Consequently, many of their needs are also those of the non-native speaker. For example, Spanish-speaking students have, besides the problems of a Spanish-speaker trying to learn Spanish anywhere, the constant interference of English patterns and vocabulary.

Español para el hispanohablante... stresses traditional but advanced grammar as well as accentuation, orthography, and the avoidance of anglicisms in vocabulary and sentence structure. It draws from the students' linguistic background in both languages in order to teach them Spanish. It can be used as either an elementary or intermediate textbook. The objective of this book is to teach native speakers of Spanish how to write and use correctly their own language. Since the emphasis is on developing writing proficiency, universal Spanish is used. Regionalisms are avoided so that the language may be used and understood by all Spanish speakers, regardless of their backgrounds.

The first two chapters of the book deal with basic phonic problems, syllabification, identification of the stressed syllable, and accentuation. Chapters three and four present articles, nouns, adjectives, and their numbers and genders. The remaining fourteen chapters focus on grammar, orthography, and the avoidance of anglicisms. Each of these chapters begins with a grammar section followed by a section on orthography. Each chapter ends with a "Lectura" based on the cultural life and everyday experiences of Spanish-speaking people in the U.S. and abroad. At the end of every three chapters, there is a "Repaso." The two sections of the Appendix, "Abreviaciones Utiles", and "Vocabulario" complement the book and offer students an opportunity to look up words they may not recognize. Throughout the book, and particularly in the first two chapters, the teacher should read aloud and, or have students pronounce the words and phrases of the book. This practice is invaluable in identifying the stressed syllable in a word and in helping students relate the sound of the language with their written form.

In this second edition we have expanded and refined many of the grammar explanations. We have also increased the exercises at the end of each grammar section. Some of the reading selections have been changed. The format of the exercises which follow these readings has also been modified.

The authors wish to thank Professor Domnita Dumitrescu for her many comments and suggestions. Our sincere appreciation also to **Contenido** (México), **Bloque de Armas Publications (Vanidades,** Miami), and **City Roots Festival** (Los Angeles), for their permission to reproduce many articles and commentaries.

A.G.
M.A.G.

CAPITULO I

El alfabeto español

El alfabeto español consta de 29 letras, tres más que el inglés.

Letra	Nombre	Letra	Nombre
A	a	N	ene
B	be	Ñ	eñe
C	ce	O	o
Ch	che	P	pe
D	de	Q	cu
E	e	R	ere (erre)
F	efe	S	ese
G	ge	T	te
H	hache	U	u
I	i	V	ve
J	jota	W	doble u, doble ve
K	ca	X	equis
L	ele	Y	i griega, ye
Ll	elle	Z	zeta, zeda
M	eme		

Observaciones

1. Las letras del alfabeto español que son gráficamente diferentes al alfabeto inglés son **ch, ll, y ñ.** La **rr** (erre) no se considera letra pues no aparece al principio de las palabras. Aparece sólo entre vocales.

2. Las letras **K** y **W** se usan poco y aparecen en palabras de origen extranjero. Por lo general mantienen la misma pronunciación.

kilo	koala	kiosco
watt	whisky	winchester

Pronunciación de las consonantes

1. La **B** y la **V** representan el mismo sonido. No las confunda.

tuvo (tener)	tubo (de tubería)
vienes (venir)	bienes (propiedades)

2. El sonido correspondiente a la **F** se representa siempre con f. Jamás se escribe con "ph."

  fotografía, fenómeno, fantasma, teléfono, fonógrafo

3. Las combinaciones **GE** y **GI** representan el mismo sonido que **JE** y **JI**.

  jefe, general, gira, jira, gema, jícama, gitana

4. La **H** es muda.

  hospital, alcohol, almohada, ahorro, ahogar

5. Por lo general la **Ll** tiene el mismo sonido de la **Y**. No los confunda.

ya no	llano	ya ves	llaves

  El niño **halla** su pelota.   ¿Crees que **haya** venido?

6. El sonido de la **N** es muy distinto al de la **Ñ**. No los confunda.

  Nina, niña,   cana, caña,   pena, peña

7. La **Q** aparece siempre seguida de una **U** muda y de una **E** o de una **I**. Lea y compare los siguientes pares.

cuello	cuidado	cuento	cuita	cuelo
quemas	**quizás**	**queso**	**quita**	**queja**

8. La **R** representa el sonido [r] entre dos vocales.

barato, moreno, entero, adoro, coro, apuro, duro

9. La **R** representa el sonido [rr] al principio de una palabra o después de **N, L, S, y B**.

raqueta, alrededor, subrayar, Israel, sonrisa, requisito,

Observe la distinta pronunciación de la R en las palabras: ropero, alrededor

10. La **Rr** representa el sonido [rr] y aparece sólo entre vocales. No puede estar nunca al principio de una palabra.

ferrocarril, encierro, virrey, monterrey,

11. Recuerde que el sonido de la **r** y la **rr** entre vocales es muy distinto. Lea y contraste.

caro carro	encerar encerrar	pero perro
coro corro	enterar enterrar	mira mirra

12. En el español americano las combinaciones gráficas **SE** o **SI** representan el mismo sonido que **CE** o **CI** y que **ZE** o **ZI**.

cierra, sierra; ciento, siento; ceda, seda; zelandés, cebra; zig zag, cinco,

13. En el español americano la **Z** y la **S** tienen el mismo sonido.

casa, caza; sumo, zumo; cazo, caso

14. La **X** representa varios sonidos.

A. En posición intervocálica puede sonar [ks] o [gs] según el cuidado al enunciar.

éxito, éxodo, examen, boxeo, exacto

B. El sonido es muy parecido cuando a **x** le sigue una consonante.

excelente, extracto, exposición, sexto

C. Al final de las palabras el sonido es parecido a los ejemplos precedentes.

fénix, ónix

D. Al principio de palabra puede sonar como **J** o como **S**. Hay que memorizar estas palabras que no son muchas.

Xavier [J], Xenofobia [S], Xerez [J], xilófono [S]

E. En las palabras de origen nahuatl la pronunciación puede ser [s] o [j]. De nuevo hay que memorizarla.

México [j]; Oaxaca [j]; Xochil [s]

Actividades

I. Lea en voz alta las siguientes palabras poniendo atención a los sonidos estudiados.

1. Aunque está prohibido, ahorro mi oro.

2. Los gigantescos geranios cayeron con un gran ruido.

3. Le trajeron solamente quince quesos.

4. Encerró el coche después que lo enceró.

5. El examen de español no fue difícil.

6. Juan tuvo que comprar un tubo nuevo.

7. Cierra la puerta porque el perro se va a la sierra.

8. Los alumnos de sexto tuvieron éxito en su examen.

9. La obra de Paquito se exhibe hoy.

II. Lea en voz alta las siguientes palabras poniendo atención a los sonidos estudiados.

1. zumo	16. carretera
2. zapatazo	17. billetera
3. hombro	18. pollo
4. siento	19. inquieto
5. telefonear	20. mañana
6. cine	21. siempre
7. sinvergüenza	22. cebra
8. gigante	23. fantasma
9. vaya	24. año
10. baya	25. xilófono
11. dirijo	26. llama
12. valla	27. callo
13. dirige	28. cesto
14. pagué	29. sexto
15. marqué	30. xenofobia

Pronunciación de las vocales

1. La **A** se pronuncia como la **A** inglesa en palabras como "apple" y "father". La **O** como la **O** inglesa en palabras como "other", "older".

aroma, coca, adoro, sopa, amarro, barbacoa

2. La **E** se pronuncia como la **E** inglesa en palabras como "exit", "eskimo". La **I** se pronuncia como el sonido inglés ("ee").

inteligente, imposible, edición, esquí

¡**Ojo**! La confusión entre la **E** y la **I** es muy común debido a la interferencia del inglés. Lea en voz alta los siguientes pares de palabras.

de, di; me, mi; te, ti; así, hace; miro, mero

Nota: La **I** y la **Y** representan el mismo sonido cuando están al fin de una palabra o cuando la **Y** se usa como conjunción.

> estoy, caray, rey y reina, ley y orden

En relación a la similitud fónica de la **I** y la **Y**, algunas palabras se pueden escribir con una o con la otra.

> hiedra yedra   hierba yerba

3. La **U** representa el mismo sonido que "oo" en inglés. Lea en voz alta las siguientes palabras.

> último, museo, hindú, inútil, apuro, anduvo

4. La **U** no representa sonido después de la **G** y antes de la **E** o de la **I**. El sonido de la **G** en estos casos es igual al de **GA, GO, GU.**

> guerra, sigue, guinda, guitarra, gato, guapo, agua, gota

Nota: Para que la **U** suene en **GUE** o en **GUI** se debe poner diéresis (**ü**).

> agüita, vergüenza, antigüedad, pingüino

5. La **U** tampoco representa sonido después de la **Q.**

> quinientos, quisiera, aquella, quince

¡**Ojo!** Dos vocales o sonidos vocálicos, cuando aparecen juntos, frecuentemente se invierten al pronunciarlos o al escribirlos. Lea en voz alta los siguientes pares.

> ciudad; viene; doy; miura, voy; pionero
> cuidar; peine; dio; muina, vio; Etiopía

Actividades

I. Lea en voz alta las siguientes palabras.

así, me, dio, veinte, mi, cual, hace, ti, cuarenta, hice, te, entiendo, incendio, interés, entero.

II. Llene el espacio en blanco con u o con ü, según convenga.

1. ag__ita	6. g__itarra	11. cinc__enta
2. c__ando	7. teq__ila	12. q__ince
3. ambig__edad	8. biling__e	13. aq__í
4. adq__isición	9. ig__aldad	14. averig__é
5. sinverg__enza	10. desc__ento	15. q__inientos

III. Llene el espacio en blanco con r o con rr, según convenga.

1. quie__o   2. tie__a   3. meteo__o   4. supe__ior

5. El pe__o me mordió.

6. El fe__oca__il del Pacífico.

7. La __aqueta de Luis Villa__eal está aquí.

8. María tiene todavía muchos pre__equisitos.

9. El e__or fue poner el despertador en el bu__ó.

10. La e__osión en Monte__ey es alarmante.

IV. Subraye las palabras en las que la u se pronuncie.

1. cuatrocientos   4. Quintana

2. agüero   5. guinda

3. quinientos	6. lingüística
4. Guevara	11. practiques
5. aquella	12. consiguió
6. acueducto	13. pingüino
7. guapa	14. Mayagüez

V. Llene el espacio en blanco con la E, con la I, o con la Y, según convenga.

1. Ella m__ d__jo que venía.

2. D__c__ m__ mamá que ho__ no.

3. Elena cre__ que hac__ frío.

4. T__ lo do__ a t__ en la mano.

5. Esto__ triste porque no m__ escr__ben.

6. Los __nvitados son amigos míos.

7. Qu__ero que vengas __nm__diatamente.

8. Préstame c__nco o s__is dólares.

Diptongos

Un diptongo es un conjunto de dos vocales diferentes que se pronuncian como una sola sílaba.

diablo   cuanto   estudio   estoy   media   ciudad

La formación de diptongos se debe a cualquier combinación de vocal abierta o fuerte (**A,E,O**) y de vocal cerrada o débil (**I, U**).

Se debe también a cualquier combinación de vocales débiles (**IU, UI**).

3. La **Y** al final de una palabra tiene el mismo sonido que la **I** y forma diptongo.

Vocal abierta y vocal cerrada

En la combinación de una vocal abierta y otra cerrada, la abierta se pronuncia con mayor énfasis. Lea en voz alta los siguientes diptongos y las palabras que los ejemplifican.

AI: (AY)   baile, hay, aire, Jaime, zaino

IA: (YA)   media, diablo, delicia, hacia

AU: cauce, aplaudir, causa, auto, Laura

UA: caguama, situación, agua, fragua

EI: (EY)   peine, rey, pleito, reina, veinte

IE: (YE)   hierro, estudie, pie, miel, cierto

EU: deuda, feudal, europeo, seudónimo

UE: cuerpo, fuerte, puerta, secuestro

OI: (OY)   estoy, boina, doy, boicot, soy, hoy

IO: (YO)   Diógenes, premio, serio, dio, indio

OU: Casi no existe en español, excepto en
                 toponímicos de origen catalán: Port Bou

UO: cuota, individuo, antiguo, arduo

Nota: Si en la combinación de vocal abierta y cerrada, la cerrada (I,U) se pronuncia con más énfasis que la abierta (A,E,O), se pondrá acento escrito para indicarlo y se destruirá el diptongo.

Lea en voz alta los siguientes pares de palabras y observe la diferencia en pronunciación:

Diptongo	Hiato (Sin diptongo)
media	medía
sabia	sabía
continua	continúa
aula	aúlla
secretaria	secretaría
hacia	hacía

Observe que la vocal cerrada acentuada requiere separación fónica de la otra vocal. En estos casos cada vocal se pronuncia como una sílaba distinta. La separación de vocales equivale a la desaparición del diptongo.

Actividades

Lea en voz alta, o escuche la lectura de las siguientes palabras, y decida si el diptongo se deshace o no. Si no hay diptongo, si las vocales se pronuncian como dos sílabas distintas, se deberá acentuar gráficamente la vocal cerrada.

1. maiz

2. actuo

3. tendria

4. esquio (yo)

5. oido

6. Cain

7. baul

8. tenia (tener)

9. tio

10. policia

11. ataud

12. pua

13. ciento

14. veinte

15. precio

Vocal cerrada y vocal cerrada

I. Cuando el diptongo /ui/ aparece en sílaba acentuada, la segunda vocal (i), es por lo general tónica. Esto es, carga la fuerza de la pronunciación.

buitre, circuito, fui, genuino, ruido, juicio, Luis, construido

Excepciones: cuida, muy, ¡huy!

Nota: La combinación **ui** se considera diptongo y no lleva acento gráfico, salvo cuando le corresponda según las reglas expuestas en las páginas 20-25. (construí, huí)

II. De la misma manera cuando el diptongo /iu/ aparece en sílaba acentuada, la vocal tónica es por lo general la segunda.

triunfo, veintiuno, ciudad, Piura, oriundo, viudo

Actividades

Subraye los diptongos que encuentre en la lectura de las siguientes palabras.

1. pienso	6. raíl	11. panadería
2. desigual	7. adiós	12. ciudadano
3. gobierno	8. sandía	13. destruido
4. aduana	9. maúlla	14. permitía
5. atención	10. pueblo	15. hicieron

Más sobre el diptongo

1. Dos vocales abiertas no forman diptongo. Cada una representa un sonido que pertenece a sílaba diferente.

a-é-re-o, pro-e-za, ó-se-o, bar-ba-coa, Lo-a-e-za

2. Los sonidos **gue, gui, que, qui,** no se consideran diptongos puesto que la **u** no representa sonido.

Sin embargo, los sonidos **güe** y **güi** sí forman diptongo ya que la **u** sí representa sonido.

güiro, pingüino, vergüenza, paragüería, argüir

3. La H colocada entre vocales no impide que se forme o se destruya un diptongo.

prohi-bi-do, bú-ho, de-sahu-cio, al-co-hol, ve-hí-cu-lo

Nota: En el caso de los prefijos es optativo dividir sus componentes, aunque no coincidan con la sílaba. Se acepta:

de-sahu-cio, de-sam-pa-ro; des-ahu-cio, des-am-pa-ro

Triptongos

Un triptongo es un conjunto de tres vocales o sonidos vocálicos diferentes que se pronuncian como una sola sílaba.

IAI:	confiáis, desperdiciáis, premiáis
IEI:	confiéis, copiéis, porfiéis
UAI:	continuáis, efectuáis, acentuáis
UEI:	acentuéis, desagüéis, averigüéis
UAI (UAY):	Paraguay, Uruguay
UEI (UEY):	Camagüey, buey

Observe que la vocal abierta en medio de dos cerradas, se acentúa en las conjugaciones verbales.

I. Cuando en la agrupación de tres vocales la cerrada es tónica y va en medio de dos abiertas, se deberá acentuar gráficamente. Esto ocurre generalmente con la **i**.

reía, leía, caía, oía, veía, bahía, bohío, mohíno

Recuerde que la combinación /**ui**/ es diptongo casi siempre. En el caso de [**uía**], se acentúa la **i** y se rompe el triptongo, pero no el diptongo /**ui**/.

construí-a, destruí-a, huí-a, atribuí-a,

Observe que este fenómeno se da con los verbos terminados en [-**uir**] y en el imperfecto [-**ía**].

IV. En los grupos **iai**, **uiai**, si la fuerza recae sobre la primera **i**, el triptongo se deshace.

subí-ais, viví-ais, construí-ais, dirigí-ais

Observe que esto sucede con los verbos terminados en   -**ir** o en -**uir** en la conjugación de vosotros.

Las vocales dobles

Casi todos los fonemas vocálicos con excepción de /u/ pueden aparecer duplicados en sílabas contiguas dentro de una palabra.

zoológico, azahar, patee, diíta

Si ninguna de las dos es tónica, las dos se reducen en una en la lengua hablada.

Se escribe	**Se oye**
cooperación	coperación
azahar	azar
alcohol	alcol

Sin embargo, si una de las vocales es tónica, aunque no lleve acento gráfico, se debe pronunciar como dos sílabas distintas: **leer, proveer, diíta, rehén, lee, moho.**

Actividades

I. Subraye los diptongos y triptongos en las siguientes palabras y diga si son unos u otros.

1. secretaria	6. destruías	11. imbuía
2. muy	7. construí	12. buey
3. instruías	8. debiáis	13. tahur
4. hoy	9. oí	14. prohíbo
5. grúa	10. guantes	15. Uruguay

La sílaba y su división

Una sílaba es una unidad fonética que puede consistir de una vocal o de un compuesto de sonidos consonánticos o vocálicos agrupados alrededor de una vocal.

Una sílaba puede estar integrada por una letra (**a**), dos (**iu**), tres (**par**), cuatro (**cons**) o cinco (**trans**).

trans-con-ti-nen-tal	ciu-dad	a-é-re-o
a-e-ro-puer-to	ca-bí-a	ca-mión

Observe que cada sílaba es o se agrupa alrededor de una vocal. Sin vocal no hay sílaba.

La sílaba en español y en inglés.

Las reglas para la formación de las sílabas son algo diferentes en español y en inglés. Compare los siguientes pares de palabras.

Español	Inglés
1. con-cre-to	con-crete
2. i-ti-ne-ra-rio	i-tin-er-a-ry
3. o-be-dien-cia	o-be-di-ence
4. au-xi-liar	aux-ilia-ry
5. car-dio-gra-ma	car-di-o-gram
6. a-ma-teur	a-ma-teur
7. rup-tu-ra	rup-ture
8. rei-te-rar	re-i-ter-ate
9. e-le-fan-te	e-le-phant
10. mi-cros-có-pi-co	mi-cro-scop-ic

Nota: Para poder dividir en sílabas una palabra del español, es necesario pronunciarla en voz alta y aplicar las reglas de la división de sílabas que se dan a continuación.

La división silábica

Una palabra puede estar formada por una o más sílabas. Su división obedece a las siguientes reglas.

1. La sílaba puede comenzar por vocal o por una o más consonantes. Una consonante entre dos vocales, va con la segunda vocal.

   a-mor   ca-ta-li-na   a-de-más   pre-cio

2. Dos consonantes juntas normalmente se dividen agrupándose con la vocal que les sigue o antecede formando parte de dos sílabas distintas.

an-dan-do do-lor-ci-to lec-ción lám-pa-ra

Excepciones:

A. Como ya se ha dicho, las consonantes "dobles" (Ll, Ch, Rr) jamás se dividen. Representan el mismo y único sonido pues son un solo signo gráfico compuesto para reproducir un sonido simple.

a-lla-nar fe-rro-ca-rril en-chi-nar

B. Los siguientes pares de consonantes pueden comenzar sílaba y nunca se dividen.

b   b
c   c
f + L   f + R
g   g
p   p
t   t
              d

blan-co   a-bru-mar   in-gra-to   dramático
fran-co   cré-di-to   po-tri-llo   drama

Nota: El grupo [tl] es algo infrecuente en español. Se da sólo en voces de origen nahuatl o de origen extranjero: **Mazatlán, atleta, Atlántico.**

3. De tres consonantes juntas, por lo general las dos primeras pertenecen a la primera sílaba y son siempre **ns**.

ins-pi-rar trans-por-tar cons-ter-nación

Excepción: Cuando la última consonante es **R** o **L.**

im-pri-mir   con-tri-buir
in-fli-gir   ex-cla-mar

4. Cuatro consonantes juntas se dividen a la mitad.

    cons-truc-tor abs-trac-ción obs-truir

5. División de una palabra en dos renglones.

    A. Por regla general se divide según la agrupación silábica. Se usará guión (-) para indicar su separación.

    B. Se debe evitar separar dos vocales aunque éstas sean sílabas diferentes. Las siguientes separaciones son inadmisibles en dos renglones.

    tore-o orquíde-a barbaco-a

Inadmisible es también tener una vocal sola al final del renglón.

    a-eropuerto a-parecer o-tros A-capulco

Recuerde que en la combinación de vocal abierta y vocal cerrada, si el acento recae sobre la **i** o sobre la **u,** se rompe el diptongo y se forma una sílaba diferente.

    e-va-cú-a, tran-ví-a enví-o a-ú-lla ca-bí-a

En estos casos se debe evitar también dejar una letra huérfana al principio o al final de renglón.

Recuerde además que para una consideración del acento, el diptongo **ui** es irrompible y si se acentúa gráfica o fonéticamente, es por lo general la segunda vocal.

cons-truí-a	des-truí	in-tuí
cons-trui-do	circuito	huí

Observe que en **construido** y **circuito** la I es tónica, pero el acento es fonético no gráfico. En el caso del acento gráfico en **destruí, intuí** y **huí** la [i] se acentúa porque obedece a las reglas de las palabras agudas que se dan en las páginas 20-25.

Actividades

I. Divida en sílabas las siguientes palabras.

1. siguiente	21. inspiración
2. Atlántida	22. transcontinental
3. murciélago	23. acentúa
4. sinvergüenza	24. tranquilidad
5. reencuentro	25. Mediterráneo
6. desconfiáis	26. atribuíais
7. Espronceda	27. terapéutico
8. ingratitud	28. puertorriqueño
9. exhibición	29. prohibido
10. biblioteca	30. nitroglicerina
11. Paraguay	31. pueblo
12. Bilbao	32. arcáico
13. caíste	33. acentúa
14. transbordar	34. suscripción
15. sustancialmente	35. etnografía
16. quinceañera	36. diócesis
17. eclesiástico	37. encuentro
18. helicóptero	38. influencia
19. orquesta	39. ingrediente
20. pasillo	40. seguimiento

CAPITULO II

Acentuación: La sílaba tónica

I. En español cada palabra tiene una sílaba con mayor intensidad acústica que las demás. Esta sílaba, que algunas veces lleva acento escrito o gráfico, se llama tónica.

Nota: La identificación de la sílaba tónica es el primer paso para aprender la acentuación.

II. Una palabra de dos sílabas permite únicamente dos posibilidades de pronunciación. Compruébelo leyendo en voz alta los siguientes pares de palabras.

▬ ▬	▬ ▬	▬ ▬	▬ ▬
ca-yo	ca-yó	ha-lla	a-llá
sa-co	sa-có	pa-pa	pa-pá
mi-ro	mi-ró	ha-blo	ha-bló

Lea en voz alta las siguientes oraciones poniendo atención al cambio de énfasis de la sílaba tónica.

1. Yo **miro** el programa.
   Yolanda **miró** el programa.

2. La **papa** estaba podrida.
   Mi **papá** vino ayer.

3. El **saco** de él te queda grande.
   El **sacó** buenas notas.

4. Es la que se ve **allá.**
   El niño **halla** su pelota.

5. El barco choca con el **cayo.**
   Javier se **cayó.**

6. No me gusta **esta** clase.
   Pepe **está** en la clase del señor Pérez.

7. Siempre **bajo** las escaleras con cuidado.
   Elena **bajó** cuidadosamente.

III. Una palabra de tres sílabas tiene tres posibles pronunciaciones. Compruébelo leyendo en voz alta los siguientes pares de palabras.

▬ ▬ ▬	▬ ▬ ▬	▬ ▬ ▬
pú-bli-co	pu-bli-co	pu-bli-có
há-bi-to	ha-bi-to	ha-bi-tó
tér-mi-no	ter-mi-no	ter-mi-nó

Lea en voz alta las siguientes oraciones poniendo atención al cambio de énfasis en la sílaba tónica.

1. Yo platico mucho pero Mario platicó tres horas.

2. Yo publico el periódico para el público.

3. El diario **Excelsior** publicó un buen artículo.

4. Tengo el mal hábito de comer mucho.

5. Ahora habito la casa que ella antes habitó.

Actividades

Subraye la sílaba tónica en todas las palabras de dos y tres sílabas.

1. calle

2. camión

3. pared

4. ejército

5. mármol

6. El vaso está lleno.

7. Yo nunca termino a tiempo.

8. Pepa dejó las papas fritas.

9. Publico siempre que puedo.

10. Me gusta el carro azul.

La clasificación de las palabras según la posición de la sílaba tónica.

I. Se llaman agudas las palabras cuya última sílaba es tónica.

café   arroz   desayunar   capitán   azul

II. Se llaman graves o llanas las palabras cuya penúltima sílaba es tónica.

canica   corre   Pérez   sacude   calle

III. Se llaman esdrújulas las palabras cuya antepenúltima sílaba es tónica.

ejército   estúpido   recámara   típico

IV. Se llaman sobresdrújulas las palabras cuya cuarta sílaba, de derecha a izquierda, es tónica.

dígamelo   préstemelo   pídaselo

Nota: Las palabras cuya quinta sílaba, de derecha a izquierda, es tónica son pocas y carecen de nombre.

dígasemele   préstesemele

Actividades

Escuche la pronunciación de las siguientes palabras, subraye la sílaba tónica, y diga si la palabra es aguda, grave o esdrújula.

1. sarampión	6. ángeles	11. esfera
2. peculiaridad	7. lápices	12. jardín
3. Ramírez	8. árbol	13. patio
4. epíteto	9. cansancio	14. amarré
5. vestido	10. veintidós	15. ejército

La pronunciación de las palabras
y el acento gráfico o tilde.

I. Si la sílaba tónica es la última (palabras agudas), y si la palabra termina en **a, e, i, o, u, n, s**, se acentuará gráficamente esta sílaba. Observe que el acento siempre cae en una vocal.

capitán   mamá   veintitrés   colibrí   René

Excepción: Si una palabra aguda termina en **Y** (I), no se pondrá acento.

estoy   convoy   Monterrey   maguey

Recuerde que el primer paso en el proceso de acentuación es identificar la sílaba tónica. El segundo es aplicar las reglas.

Actividades

Lea en voz alta las siguientes palabras, subraye la sílaba tónica y ponga acento si es necesario.

1. equipaje	6. californiano	11. ciudad
2. Ramon	7. cafe	12. alberca
3. Peru	8. veintidos	13. nube
4. frances	9. limon	14. mama
5. tropico	10. sacapuntas	15. chaqueta

II. Si la sílaba tónica es la penúltima (palabras graves), y si la palabra termina en cualquier letra que no sea **a, e, i, o, u, n, s**, se pondrá tilde.

Hernández   álbum   mármol   débil   López

Note que las siguientes palabras son graves, pero no se acentúan pues no terminan en vocal, N o S: **papel, mejor, cama**

Actividades

Lea en voz alta las siguientes palabras, subraye la sílaba tónica y ponga acento si es necesario.

1. reloj	6. azucar	11. Menendez
2. Beatriz	7. perfil	12. aguacero
3. lapiz	8. espacial	13. metro
4. mostrador	9. mariscal	14. dificultad
5. oscuridad	10. capataz	15. torax

III. Si la sílaba tónica está en cualquier otra posición que no sea última o penúltima, se acentuará.

métete   jóvenes   máquina   exámenes

Actividades

Lea en voz alta las siguientes palabras. Subraye la sílaba tónica, diga si la palabra es aguda, grave o esdrújula y ponga acento si es necesario.

1. tipico	6. visibilidad	11. Perez
2. carcel	7. incitador	12. Paez
3. pereza	8. traemelo	13. tocame
4. republica	9. delantal	14. espiritu
5. pedestal	10. claridad	15. ingles

IV. Ya que la posición de la sílaba tónica casi nunca cambia al agregar sílabas, algunas palabras se acentúan en el singular pero no en el plural.

camión   camiones   japonés   japoneses

Por la misma razón otras palabras se acentúan en el plural y no en el singular.

examen   exámenes   joven   jóvenes

Excepciones: espécimen   especímenes
                    régimen   regímenes
                    carácter   caracteres

V. En algunas formas verbales el acento indica su pronunciación, su significado y su función gramatical.

Todas las mañanas **bajo** al comedor. (Yo)
Bajó al comedor temprano. (El)

Nunca **hallo** mis llaves. (Yo)
Halló a su perro en el parque. (El)

Yo **hablé** con ella ayer. (Yo, pretérito))
Se lo doy cuando **hable** con ella. (Yo, subjuntivo)

¿Ves **este** lápiz? (adjetivo demostrativo)
Voy cuando **esté** más tranquilo. (Yo, subjuntivo)

Actividades

I. ¿Puede usted explicar por qué se usa el acento en el singular de unas palabras y no en su plural y viceversa?

II. Lea en voz alta las siguientes palabras y frases. Subraye la sílaba tónica y ponga acento si es necesario.

1. aviones

2. Ramon

3. practique ayer. (Yo)

4. camion

5. frances

6. irlandeses

7. Trabajo mucho. (Ella)

8. holandes

9. Canto toda la mañana. (Usted)

10. caracter

III. Complete las siguientes frases y ponga acento donde sea necesario. Léalas en voz alta.

1. Yo trabajo ...
2. Isabel ceno ...
3. Usted practico ...
4. Paquito miro ...

5. La profesora acelero ...
6. califico los examenes ...
7. los regimenes ...
8. los camiones ...

IV. Lea en voz alta y ponga acento en la palabra subrayada, si lo necesita.

1. El ejercito toda la noche.

2. El numero tres es mi favorito.

3. Dicen que continua lloviendo en el sur.

4. Esas obras no tienen mucho publico.

5. El ejercito del norte llego anoche.

6. Yo siempre numero las paginas de mis escritos.

7. El medico opera por la mañana.

8. En ese pueblo hay una lluvia continua.

9. Enrique Lopez publico ese libro el año pasado.

10. La señora Rodriguez es cantante de opera.

Recapitulación del uso del acento escrito

Pasos a seguir

I. Primero hay que hallar la sílaba tónica. El oído es lo más importante.

> capitan   recamara   cafe   pidaselo

II. Si la sílaba tónica es la última, se le pone acento si termina en **a, e, i, o, u, n, s.**

> capitán   café   Tomás

III. Si la sílaba tónica es la penúltima, se le pone acento si termina en una letra que no sea **a, e, i, o, u, n, s.**

Jiménez   mármol   álbum   hábil   fénix

IV. Si la síaba tónica se halla en cualquier otra posición que no sea la última o la penúltima, siempre se acentuará.

recámara   pídaselo   esdrújula   subterráneo

V. Recuerde que la separación de un diptongo requiere el acento escrito sobre la vocal cerrada.

media   medía   sabia   sabía   tenia   tenía

VI. Más adelante se darán otras reglas sobre el uso del acento escrito. (Ver páginas: 122-25; 143-46; 169-170)

Actividades

I. Subraye la sílaba tónica y ponga acento si es necesario.

1. Guadalajara	8. oxigeno	15. ulcera
2. Nuevo Mexico	9. folklorico	16. almibar
3. Martinez	10. estupido	17. aspero
4. gitano	11. atronador	18. damelo
5. disputa	12. arbol	19. grua
6. analisis	13. agudo	20. arabe
7. devaluacion	14. angulo	21. vehiculo

II. Lea en voz alta y ponga el acento donde haga falta.

1. Algunas veces Caridad y Maria son buenas amigas.

2. La policia le dijo a mi tio la verdad.

3. Beatriz siempre hacia la tarea antes de acostarse.

4. La lluvia es importantisima para una buena cosecha.

5. El dolor y el amor siempre van de la mano.

6. El buen funcionamiento de esa maquina depende de usted.

7. Es un hecho que Julio Iglesias es un cantante internacional.

8. Las cartas todavia no han sido escritas.

9. "Jesusita en Chihuahua" es el titulo de esa melodia.

10. El coqui puertorriqueño es una rana que canta como un pajaro.

11. Las normas de acentuacion no son tan dificiles como parecen.

12. Un idioma es una cosa viva a la que hay que alimentar dia a dia.

13. Mi espectaculo favorito son las montañas cubiertas de nieve.

14. El mejor jugador se rompio una pierna y no pudo jugar.

15. Se paro del asiento con muchos brios.

III. Lea en voz alta las siguientes oraciones y ponga acento si es necesario.

1. Los datiles que se dan en las palmas son riquisimos.

2. Ramon Gutierrez vino temprano ayer.

3. Las peliculas españolas contemporaneas son buenas.

4. Esa obra atrae bastante publico.

5. Los perros ladran, los gatos maullan, las vacas mugen, y los pajaros gorjean.

6. A la sombra de un alto y fertil cipres me acoste.

7. Si los caballos relinchan, los burros rebuznan, y los lobos aullan.

8. Cuando no estamos de acuerdo con ellas, las estadisticas son monotonas.

IV. Escuche o lea en voz alta las siguientes palabras y acentúelas si es necesario.

1. periodico	21. maletin
2. Juarez	22. numero dos
3. oceano	23. oceanico
4. historico	24. transeunte
5. huesped	25. lombriz
6. frenetico	26. haitiano
7. interes	27. musculo
8. marmol	28. teoria
9. linea	29. leon
10. Baez	30. humedo
11. conyuge	31. alcatraces
12. Diogenes	32. Penelope
13. torax	33. simultaneo
14. diuretico	34. epoca
15. buro	35. imbecil
16. espontaneo	36. espiritu
17. lingüistica	37. tacon
18. crepe	38. sueter
19. atmosfera	39. panico
20. Peninsula del Sinai	40. sotana

CAPITULO III

Los artículos y los sustantivos

El artículo definido

El artículo definido en español tiene cuatro formas.

el   los   la   las

I. El artículo definido aparece por lo general antes de un sustantivo y concuerda con el número y género del respectivo sustantivo.

el árbol los árboles   el cine los cines

la mesa   las mesas   la pared las paredes

II. El uso del artículo definido en español difiere de su uso en inglés en los siguientes casos.

1. No se omite antes de sustantivos de carácter genérico, que se refieren a una totalidad.

Las vacas son mamíferos. (Todas las vacas)
Cows are mammals.

Las camisas oscuras son calientes.
(Todas las oscuras)
Dark shirts are warm.

El sueño es necesario.
(Toda clase de sueño).
Sleep is necessary.

2. Se omite ante objetos generalizados y no se omite ante objetos específicos.

Cosas generalizadas

Nadie trajo lápiz.
Necesito dinero.
¿No tienes tiempo?
Tengo coche.

Cosas específicas

Nadie trajo el lápiz que les pedí.
Necesito el dinero para hoy.
(Tú sabes qué dinero)
Tengo el coche ahí afuera.
(Tú sabes qué coche)

3. Se usa para expresar la hora del día.

     El tren pasa a las tres.

     ¿Qué hora es? Son las cinco y cuarto.

4. Se usa para expresar el adjetivo posesivo inglés antes de sustantivos referentes a partes del cuerpo o a artículos de vestir.

Tengo LAS manos sucias.	My hands are dirty.
Dejé El paraguas en casa.	I left My umbrella home.
Me duele la cabeza.	My head hurts.

Excepciones:

    A. Se sustituye el artículo por el posesivo cuando se da énfasis al poseedor.

        Tus manos son grandes y velludas.
        Su abrigo es de piel de camello.

    B. Se omite el artículo después del verbo **usar**, cuando la prenda de vestir es usada en un sentido genérico, cuando no está modificada.

        Juan no usa sombrero.

Pero: Juan nunca usa el sombrero nuevo.

5. Se usa antes de un título, al hablar de una tercera persona.

        Me dijeron que EL doctor Fernández viene mañana.

        Vieron a LA señora Gaitán con su hijo en el parque.

Excepciones:

    A. Antes de san(to), santa, doña.

        Vi a doña Juana en la tienda.

    B. Cuando se habla directamente a alguien.

        ¿Cómo está, profesor Gutiérrez?

6. Antes de algunos nombres de ciudades, estados, países y continentes el uso del artículo definido es obligatorio u optativo.

Mandatorio	Optativo
El Salvador	El Perú
La Habana	La Gran Bretaña
Los Angeles	El Medio Oriente
La Paz	La Argentina
La Haya	El Uruguay
El Cairo	El Asia
La Rioja	El Ecuador

7. Se usa "**el, la, los, las que**" para expresar la frase inglesa **he, she, those who, the one that...**"

Dicen que **la que** me llamó se llama Ana.
They say that **she who** called me...

Los que llegan tarde no alcanzan lugar.
Those who arrive late cannot find a place.

8. Se usa el artículo definido antes de nombres referentes a idiomas excepto después de los verbos **hablar, aprender, entender, estudiar,** cuando el nombre no está modificado, y de las preposiciones **de y en.**

Dicen que el español es fácil, pero no es cierto.
El ruso se enseña poco en las escuelas secundarias.

Excepciones:

1. Patricia aprende alemán.
2. El maestro de portugués no vino ayer.
3. Lorena conversa en árabe.
4. Lupe estudia el español del siglo XVI.

Note que en la excepción 4 el nombre está modificado y por eso necesita el artículo.

9. Se usa antes de los nombres de los días de la semana cuando estos se especifican.

> El baile es el martes veintitrés.
> Nos vemos el sábado.

Nota: Cuando el día específico se sobreentiende, se omite el artículo: **Hoy es domingo.**

Actividades

I. Llene el espacio con el artículo definido apropiado si hace falta.

1. Joaquín abrió _____ ojos para mirarlo.

2. Fue _____ primera vez que probó _____ vino.

3. Mañana es _____ doce de octubre.

4. Mis zapatos y _____ de Enrique son negros.

5. La puerta del coche le agarró _____ mano.

6. Mamá no quiere que te pongas _____ blusa verde.

7. María llega _____ veintidós de marzo.

8. Anteayer fue _____ martes.

9. _____ gatos beben leche.

10. Dicen que _____ caridad empieza en casa.

11. _____ que recibí la semana pasada no sirven. (paquetes)

12. Todos _____ días veo a _____ doctora Quintana.

13. Estudiamos _____ ruso en _____ escuela.

14. _____ capital de Cuba es _____ Habana.

15. Pedro se lava _____ cabeza con jabón medicinal.

II. Llene el espacio con el artículo definido apropiado, si hace falta.

1. Te aseguro que después de _____ película que vi anoche no vuelvo a ese lugar.

2. Ahí viene cruzando la calle la chica de _____ que te hablé.

3. _____ mejor temporada de la escuela son _____ vacaciones.

4. Los coches que más me gustan son _____ caros.

5. Maricarmen es de _____ Habana. Soy de _____ Salvador.

6. El porsche es _____ mejor coche que he manejado.

7. Necesito otra computadora porque _____ que tengo es muy lenta.

8. _____ que quieran ir al día de campo, levanten la mano.

9. Esa es la profesora de _____ que te hablé.

10. El profesor Ortiz no vino hoy. Está en _____ hospital.

III. Escriba una oración usando las siguientes palabras y frases.

1. la iglesia

2. español

3. los que no entendieron

4. miércoles

5. el alemán

6. la que

7. los anteojos

8. doctor Jiménez

9. los jueves

10. el Medio Oriente

Más peculiaridades del artículo definido

I. Después de las preposiciones **a** y **de**, el artículo "el" pierde la **e** y se funde formando: **al** y **del**.

Vimos el auto del carpintero estacionado en la esquina.

Mañana te voy a presentar al director de la orquesta.

Recuerde que "el", artículo, y "él", pronombre, son distintos.

Vimos el coche de él en la acera y a él en el suelo.

II. El artículo definido se omite en los siguientes casos en español.

Por primera, (tercera, última) vez . . .

III. El uso del artículo definido en español difiere del inglés en los siguientes casos.

En la escuela	At school
En la iglesia	At church
Todos los viernes	Every Friday
Todas las mañanas	Every morning

El artículo "lo"

El artículo definido neutro "lo" aparece antes de un adjetivo, de un adverbio, de un participio pasivo, o de **que** y **de**. Observe su equivalencia en inglés.

Lo bueno de esa clase es que no hay exámenes.
The good thing (part) **about** that class is that there are no exams.

El maestro apreciaba **lo bien que** cantaba José.
The teacher appreciated **how well** José sang.

Lo que necesito es tiempo.
That which I need is time.

Lo dicho, dicho está
What's (That which has) been said, it's been said

¿Ya sabes **lo de** Pedro?
Do you know **about (the matter pertaining to)** Pedro?

Actividades

I. Llene el espacio en blanco con la forma correcta sugerida por lo que aparece en paréntesis.

1. La hermana _____ se veía intranquila (de él, del).

2. Las tormentas _____ desierto son peligrosas (de él, del).

3. Le cortaron el rabo _____ perro de Iván. (a él, al).

4. Las campanas _____ santuario suenan tristes. (de él, del).

5. Me dicen que _____ no le gustan los mangos. (a él, al).

6. ¿Vieron _____ hermano de Isabel en el puerto? (a él, al).

7. ¿Por qué le preguntaste la hora _____? (a él, al).

8. La prima _____ es muy bonita. (de él, del).

9. La silla _____ salón se rompió. (de él, del)

10. Se fueron _____ parque sin decir nada. (a él, al).

II. Llene el espacio con el artículo definido necesario.

1. _____ carne y _____ cerveza es _____ bueno de Alemania.

2. Mis libros están en _____ escuela. _____ malo es que está lloviendo.

3. ¿Te acuerdas de _____ que te dije?

4. En esos casos _____ mejor es no ponerse nerviosos.

5. Dicen que _____ hecho en México está bien hecho.

6. _____ peor es que no puedo beber en _____ iglesia.

7. Te aseguro que _____ que necesitas es un buen descanso.

8. _____ del Medio Oriente es un callejón sin salida.

9. Nico no se dio cuenta de _____ cansado que estaba.

10. _____ hombre no comprendía _____ mucho que la quería.

V. Cuando un sustantivo singular empieza con el sonido [a] tónico, el artículo que le precede es masculino, aun cuando este sustantivo sea femenino.

el arma	las armas
el alma	las almas
el hada	las hadas
el habla	las hablas

Observe que el cambio es necesario para evitar los sonidos: larma, lagua, etc. En plural no se da esta sustitución.

VI. Hay una serie de palabras que terminan en **A**, pero son masculinos, por lo cual el artículo parece no concordar con el sustantivo. Lo mismo sucede con unas cuantas que terminan en **O**. Hay que memorizar estas palabras junto con el artículo correspondiente.

el clima	el día	la foto
el dilema	el mapa	la mano
el fonema	el poeta	la moto
el problema	el cura	
el programa	el atleta	
el síntoma		
el sistema		

VII. El uso del artículo masculino o femenino cambia, en algunos casos, el significado del sustantivo. Hay que memorizar estos sustantivos y su artículo correspondiente, lo mismo que su significado.

1. **el calavera** (un pillo)   Cuando era soltero era un calavera.
   la calavera (esqueleto)   La bandera tenía una calavera.

2. **el capital** (dinero, caudal) Ese hombre tenía un gran capital.
   la capital (ciudad, cabeza) Londres es la capital de Inglaterra.

3. **el cólera** (mal, enfermedad) Leí **El amor en los tiempos del cólera.**
   la cólera (rabia, enojo) Ya se me pasó la cólera que tenía.

4. **el corte** (de cortar) Era un rico corte de carne.
   la corte (tribunal) Tuvimos que ir a la corte ayer.

5. **el cura** (sacerdote) El cura dio un buen sermón.
   la cura (medicina, receta) No han hallado la cura para el SIDA.

6. **el frente** (lo de adelante) El frente del coche quedó averiado.
   la frente (parte de la cara) Tiene la frente ancha.

7. **el guía** (el que guía) El guía nos llevó a las pirámides.
   la guía (guía telefónica; mujer que guía) Busca eso en la guía.

8. **el orden** (arreglo, organización) Debes poner más orden en tu cuarto.
   la orden (mandato orden religiosa) Hay que cumplir esa orden.

9. **el Papa** (cabeza del catolicismo) El Papa visitó Los Angeles.
   la papa (vegetal) Se comió la papa entera.

10. **el parte** (escrito breve; telegrama) El parte ordenaba la retirada.
    la parte (porción) Dale la parte que le corresponde.

11. **el pendiente** (preocupación, arete, alhaja) Se robó el pendiente.
    la pendiente (cuesta, inclinación) La pendiente es muy inclinada.

12. **el policía** (guardián) El policía dirigía el tránsito.
    la policía (cuerpo de guardianes; mujer guardián) La policía llegó.

13. **el radio** (el aparato; relación geométrica) Apaga ese radio.
    la radio (la emisora; el aparato) Lo anunciaron por la radio.

14. **el Génesis** (primer libro de la Biblia) Ese versículo es del Génesis.
    la génesis (conjunto de hechos en la formación de una cosa)
    La génesis de esa ley es interesantísima.

15. **el cometa** (astro) El cometa tenía una cola luminosa.
    la cometa (juguete) Niños y adultos vuelan las cometas.

16. **el pez** (animal acuático) Pescamos un pez espada.
    la pez (sustancia oscura) La pez es el residuo de la trementina.

Actividades

I. Llene el espacio con el artículo definido correspondiente a cada nombre.

1. _____ problemas

2. _____ área

3. _____ planeta

4. _____ climas

5. _____ programa

6. _____ hacha

II. Ponga el artículo correspondiente a cada nombre.

1. _____ capital de Puerto Rico es San Juan.

2. _____ pendiente era muy inclinada.

3. No me gustó _____ corte de carne.

4. _____ frente del ejército avanzó.

5. _____ artículos preceden los sustantivos.

III. Escriba una oración con las siguientes frases.

1. el capital

2. el parte

3. el orden

4. la cura

5. la calavera

6. la pendiente

7. la frente

8. la capital

9. el corte

10. la parte

El artículo indefinido

El artículo indefinido en español tiene cuatro formas.

un (uno)   unos   una   unas

Igual que el artículo definido, el indefinido frecuentemente viene antes de un nombre y concuerda con él en número y género.

un avión   unos aviones
una bicicleta   unas bicicletas

I. El uso del artículo indefinido en español difiere de su equivalente inglés en los siguientes casos.

A. Se omite después del verbo **ser** y antes de nombres referentes a nacionalidad, religión, profesión o afiliación a algún partido o sociedad.

Borges es argentino.   El papá de Luis es pintor.
Borges is an Argentinian.   Luis' father is a painter.

Martha es protestante.   José Luis es demócrata.
Martha is a protestant.   José Luis is a democrat.

> **Nota:** El artículo indefinido no se puede omitir cuando el nombre está modificado.

Borges es un argentino famoso.

El papá de Luis es un buen pintor.

Martha es una protestante creyente.

B. Se puede omitir o usar después de verbos como **tener, necesitar** y **traer**.

Tengo (un) papel y (un) lápiz.

Necesito leche y pan. (Genérico)

Necesita (una) buena leche y (un) pan dulce. (Específico)

Traigo (una) camisa azul. (optativo)

C. Se omite en algunas expresiones con palabras como **cien, mil, otro, tal,** y **cierto.**

Se pedían cien dólares.
They were asking for **a** hundred dollars.

Cuesta más de mil pesos.
It costs more than **a** thousand pesos.

Pedí otro café.
I asked for **another** coffee.

Cierta niña vino ayer.
A certain girl came yesterday.

D. Se omite después de las expresiones:

Trabaja (Funciona, Funge) como gerente.

Está de (Funge de) administrador.

Actividades

I. Escriba una oración utilizando cada una de las siguientes frases.

1. un francés

2. una pendiente

3. un programa

4. una capital

5. un sistema

6. una razón

7. una tesis

8. un saco azul

9. una nube

10. una cura

II. Llene el espacio con la forma apropiada del artículo indefinido, si es necesario.

1. Ella no es capaz de tal _____ extravaganza.

2. Elvira es _____ pintora poco conocida.

3. Ese hombre es _____ polaco famoso.

4. Einstein no era _____ americano.

5. Necesito que me presten _____ cierto libro que vi ayer.

6. Sugiero que me devuelvan _____ otro libro.

7. No tengo _____ piscina, pero tengo _____ sauna.

8. Mi padre es _____ pintor.

9. Un avión acaba de llegar y _____ otro está saliendo.

10. Juan dijo: "¡Qué _____ listo soy!".

11. Necesito _____ zapatos pero no _____ medias.

12. Luisa trabaja como _____ maestra en _____ escuela.

13. Te advierto que traigo _____ pistola.

14. ¿Dices que te picó _____ abeja holandesa?

15. Dejé _____ papeles para _____ banquero sobre la mesa

16. "Yo soy _____ italiana", dijo la joven.

17. El doctor Jiménez es _____ biólogo de fama internacional.

18. _____ hormiga le dijo a _____ otra, "¿Quieres bailar?".

19. La vi caminando por la calle _____ cierto día.

20. El señor Aguayo es _____ sudamericano.

El sustantivo

Igual que en inglés, un sustantivo es cualquier palabra que nombra un ser, un objeto o un concepto.

perro   caridad   Juana   cine   camisa

El género del sustantivo

I. A diferencia del inglés, el sustantivo en español tiene que ser femenino o masculino. Por lo general los que terminan en **O** son masculinos y los terminados en **A** son femeninos.

muchacho   muchacha   hijo   hija

II. Hay un numeroso grupo de nombres que no tienen variación. Son masculinos o son femeninos.

(el) carro   (el) reloj   (la) silla   (la) mesa

III. El género masculino o femenino natural se expresa a veces con una palabra completamente opuesta.

el rey	la reina
el caballo	la yegua
el toro	la vaca
el actor	la actriz
el tigre	la tigresa
el gallo	la gallina

IV. La gran mayoría de los sustantivos terminados en [dad], [sión], [ción], y [xión] son femeninos.

nubosidad, atención, reflexión, pasión

V. Los sustantivos terminados en **e, d, n**, pueden ser masculinos o femeninos.

el tren	la imagen	el café	la nube
el ataúd	la pared	el pésame	la claridad

Actividades

I. Ponga el artículo definido apropiado antes de cada sustantivo.

1. _____ mes		11. _____ sociedad
2. _____ ciudad		12. _____ red
3. _____ capitán		13. _____ voz
4. _____ yegua		14. _____ atún
5. _____ tapiz		15. _____ cáliz
6. _____ tesis		16. _____ pubertad
7. _____ jueves		17. _____ pajarito
8. _____ trigo		18. _____ danzarín
9. _____ pan		19. _____ abogado
10. _____ pez		20. _____ director

El plural del sustantivo

I. El plural de los sustantivos terminados en vocal no acentuada se forma agregando una S.

toalla   toallas   silla   sillas   gato   gatos

II. Los sustantivos que terminan en vocal abierta (**a, e, o**) acentuada, generalmente forman su plural agregando **s**.

mamá mamás   café cafés   dominó dominós

Nota: Aun en el caso del aceptado plural sofaes, se prefiere sofás.

III. Los que terminan en vocal cerrada tónica (**i,u**) lo forman agregando **es**.

rubí rubíes   tabú tabúes   jabalí jabalíes

Nota: En el caso de tribu (tribus), la **u** no es tónica.

IV. Los terminados en consonante (excepto **S**) por lo general forman su plural agregando **ES.**

rey reyes   cónsul cónsules   mesón mesones   cráter cráteres

Nota: Los reyes, los cónsules se pueden referir a reyes y reinas, a cónsules masculinos o femeninos igual que sólo al género masculino.

V. Los sustantivos monosílabos y agudos terminados en **S** agregan **ES** para formar el plural.

el autobús los autobuses   el compás los compases   el mes los meses

VI. Los sustantivos polisílabos que terminan en **S** y no son agudos, no cambian de terminación en el plural

la(s) crisis   la(s) caries   el (los) martes

VII. Hay algunos nombres que siempre se usan en plural en español.

Fuimos a Europa de **vacaciones.**
Asistimos a los **funerales** de la mamá grande.

Note que este uso difiere del inglés donde por lo general se usan estas palabras en singular.

VIII. Los nombres terminados en **Z** forman el plural cambiando la **z** por **c** y agregando **ES.**

luz luces   alcatraz alcatraces

VI. Los apellidos no tienen plural.

Los García   Los López   Los Villagra

Excepción: Se pluraliza el apellido cuando éste tiene un carácter apelativo o genérico.

Hay varios Orozcos en ese museo. (las pinturas de Orozco.)

La época de los Grecos y Murillos.

VII. Carecen de singular los sustantivos que expresan un conjunto o variedad de la misma cosa.

los víveres   las nupcias   los enseres

Pero: pueblo(s)   ejército(s)

Actividades

I. Lea en voz alta y escriba el plural de las siguientes palabras junto con el artículo definido correspondiente.

1. _____ palmera   8. _____ análisis

2. _____ hindú   9. _____ capitán

3. _____ automóvil   10 _____ manatí

4. _____ sacapuntas   11. _____ tocadiscos

5. _____ tintero   12. _____ traducción

6. _____ perdiz   13. _____ sequedad

7. _____ amor   14. _____ maní

II. Reescriba las siguientes oraciones poniéndolas en el plural, si es posible.

1. El hombre camina despacio.

2. El tocadiscos de Juan está descompuesto.

3. Le regaló un rubí por su cumpleaños.

4. Compramos un toro cebú el año pasado.

5. El maní tostado es delicioso.

6. El análisis resultó como esperábamos.

7. El corredor hindú llegó en primer lugar.

8. El manatí vive en la Florida.

9. El rubí es una piedra preciosa.

10. La luz me cegó.

Repaso Capítulos I, II y III

I. Divida usted en sílabas las siguientes palabras y diga si son agudas, llanas o esdrújulas.

1. intransigente	11. ensordecedor
2. achicharrado	12. ensuciar
3. librería	13. pianista
4. cuidado	14. improbable
5. dolorcito	15. peruano
6. aeropuerto	16. veraneante
7. después	17. resfriado
8. pestaña	18. inspección
9. ahínco	19. línea
10. ruidoso	20. suciedad

II. Subraye la sílaba tónica y acentúe las siguientes palabras, si es necesario.

1. sordida		19. Jimenez
2. sentia		20. ahi
3. opresion		21. terquedad
4. Santa Barbara		22. subterraneo
5. razon		23. peon
6. aqui		24. busqueda
7. ningun		25. asi
8. recogiendolas		26. preguntarme
9. trabajadores		27. Escobedo
10. Jose		28. arbol
11. conformate		29. mediodia
12. particula		30. alamos
13. medico		31. Andres
14. necesario		32. Alcazar
15. debil		33. marmol
16. aspera		34. delfin
17. lampara		35. habia
18. cinturon		36. decimo

III. Escriba el artículo definido y el plural de los siguientes sustantivos.

1. _____ ataúd	4. _____ Salcedo
2. _____ mezcal	5. _____ Perú
3. _____ problema	6. _____ tesis

IV. Escriba el artículo definido y el plural de los siguientes sustantivos.

1. _____ papá

2. _____ túnel

3. _____ francés

4. _____ metal

5. _____ rapidez

6. _____ viernes

7. _____ país

8. _____ lápiz

9. _____ Ayala

10. _____ ají

11. _____ mapa

12. _____ tribu

13. _____ jamón

14. _____ vudú

IV. Llene el espacio con la forma correcta del artículo definido, si es necesario.

1. ¿Has visto a _____ señora García?

2. El año pasado vino _____ presidente Raúl Gómez.

3. Dicen que _____ café crea hábito

4. Es difícil aprender _____ ruso.

5. Se rumora que _____ oro va a subir de precio.

6. _____ bueno de _____ vacaciones es que cambia uno de rutina.

7. Pepe llega _____ martes quince a _____ 8 p.m.

8. El gorrión se lastimó _____ ala.

9. Por _____ última vez; vete a _____ escuela.

10. ¿Está segura que hoy es _____ lunes?

11. Dicen que _____ clima de esa ciudad es frío.

12. ¿Cuál es _____ tema sobre el que tenemos que escribir?

V. Reescriba las siguientes oraciones haciendo todas las correcciones necesarias. (acento, deletreo, etc.)

1. Se acordaba de el bistec.

2. Nos dirigimos hacia escuela.

3. La esposa de el señor Carrera entro corriendo.

4. Los lápices azules son de Mariquita.

5. Las religiones hindues son diferentes.

6. ¿Crees que leche es buena para ti?

7. Los toros y las caballas están ahi afuera.

8. El capital de Cuba es Habana.

9. Esta mañana me lave mis manos.

10. "La nube" es el tesis de mi composición.

VI. Acentúe las palabras que lo necesitan.

1. Rosa esta tejiendo un sueter azul.

2. Dora estaba conqueteandole a Agustin.

3. Las enchiladas me dieron una terrible gastritis.

4. Los alumnos del Instituto Tecnologico hicieron un audiovisual sobre los problemas economicos del pais.

5. El cablevision esta de moda ultimamente.

6. Ruben es el tipico politico populista y demagogo.

7. Me encanta escuchar musica clasica en mi autoestereo.

8. Ana se hace manicure y pedicure todas las semanas.

9. Se reunen al mediodia para jugar ajedrez.

10. Sentado en un comodo sofa oia musica tropical.

VII. Acentúe las palabras que lo necesiten.

1. Ayer fue miercoles dieciseis.

2. La sabia mujer se levanto.

3. Se acabaron los libros en la libreria.

4. Los hipopotamos viven cerca de los rios.

5. Jose Ramirez es del Peru.

6. La gata de Joaquín es esteril.

7. Sabia las caracteristicas sintacticas de esa oracion.

8. El simpatico Lorenzo fue uno de los que atravesaron el Atlantico.

9. Los pescadores utilizan las lombrices como carnada.

10. Un alumno debe tener siempre cuando menos dos lapices.

11. Las muchachas vivian con Vivian y su madre.

12. Nunca fue mio lo que Dios no me dio.

13. A veces no podiamos leer el diario de dia sino de noche.

14. Habian concluido que no existia una monarquia estable.

15. Necesito que me firme una constancia por haber recibido la mercancia.

16. Voy a El Paso a buscar el carro de el.

17. ¿Qué hacia usted ayer a las nueve de la noche?

18. ¿Hacia dónde se dirige usted a esta hora?

19. La democracia y la demagogia no deberian de co-existir.

20. Recibi la semana pasada dos libros en un envio de Europa.

CAPITULO IV

El Infinitivo

El verbo es la parte más importante de la oración ya que expresa la acción efectuada por el sujeto o el estado del mismo.

Pablo trabaja en la tienda de don Pedro. (acción)
Los estudiantes escriben en inglés. (acción)
Rosa está triste. (estado)

El infinitivo es la forma básica del verbo y termina siempre en AR, ER, o IR. La raíz es la primera parte del verbo que excluye la terminación del mismo.

Raíz	Terminación
camin	ar
aprend	er
escrib	ir

Usos del infinitivo.

1. Como sustantivo para traducir el gerundio inglés que aparece después de una preposición.

Después de comer, voy a ir a verlo.
After eating I'll go to see him.

Sin trabajar no puede ganar dinero.
Without working you cannot earn money.

2. Como sustantivo sin preposición previa.

(El) Trabajar en Los Angeles tiene sus ventajas.
Working in Los Angeles has its advantages.

(El) Nadar todos los días es saludable.
Swimming everyday is healthy.

Dicen que (el) fumar no es bueno para los pulmones.
They say that smoking is not good for your lungs.

Observe que el gerundio **working, swimming, smoking,** corresponde al infinitivo en español **trabajar, nadar, fumar.**

---

3. Después de "AL" como sustituto de "cuando + verbo" como equivalente de varias expresiones inglesas: **"upon, at the moment of, when".**

Al entrar oí gritos.	(Cuando entré)
Al entrar, lo saludaré.	(Cuando entre)
Al entrar, me saludaba.	(Cuando entraba)
Al entrar, me saluda.	(Cuando entra)

4. Después de verbos de percepción y mandato.

Hago (Mando) limpiar el coche todos los jueves.

Oí llorar a Juan cuando llegué anoche.

Vimos llegar el avión porque llegamos temprano.

5. Como mandato negativo que aparece frecuentemente en letreros o señales.

No fumar   No escupir   No molestar   No hablar

Actividades

I. Llene el espacio con el equivalente a la forma inglesa entre paréntesis.

1. Si el letrero dice no _____ (dumping) basura. ¿Por qué lo haces?

2. _____ (dreaming) es bueno para la salud mental.

3. Te aseguro que es imposible hacer las compras antes de _____ (eating).

4. Nos quedamos paralizados al _____ (upon seeing) Drácula.

5. Después de _____ (working) tanto, viene bien un descanso.

6. En otros países los alumnos se ponen de pie al _____ (at the moment of entering) el profesor.

7. Ten cuidado al _____ (dusting, cleaning) esos vasos. Son muy caros.

8. _____ (reading) es bueno para los nervios.

9. María hace _____ (has her house painted) la casa cada verano.

10. _____ (crying) es excelente terapia para las grandes penas.

II. Escriba una oración utilizando correctamente cada una de las siguientes palabras.

1. descansar	6. dormir	11. planchar
2. tirar	7. escribir	12. cantar
3. cocinar	8. subir	13. correr
4. pasear	9. lavar	14. sacudir
5. calificar	10. cenar	15. bailar

El presente de indicativo

Verbos regulares

En el español moderno el modo indicativo de los verbos tiene cinco tiempos simples y cinco compuestos.

Los tiempos simples son el presente, el pretérito perfecto simple (pretérito), el pretérito imperfecto (imperfecto), el futuro, y el condicional o potencial.

Los tiempos compuestos más comunes son el pretérito perfecto compuesto ("Present Perfect" en inglés), el pretérito pluscuamperfecto (pluscuamperfecto), el pretérito anterior, el futuro perfecto y el condicional perfecto.

Los verbos regulares del presente son aquéllos que no sufren cambios en la raíz durante la conjugación. Sus cambios ocurren en las terminaciones las cuales se adhieren a un mismo patrón (pattern).

Pronombre	Cantar	Romper	Escribir
Yo	canto	rompo	escribo
Tú	cantas	rompes	escribes
Usted El Ella	canta " "	rompe " "	escribe " "
Nosotros Nosotras	cantamos "	rompemos "	escribimos "
Vosotros Vosotras	cantáis "	rompéis "	escribís "
Ustedes Ellos Ellas	cantan " "	rompen " "	escriben " "

> **Observe** que la forma verbal equivalente a El, Ella, Usted es la misma. Lo mismo sucede con la de Ellos, Ellas, Ustedes. Si hay un sujeto plural que incluye **YO**, el verbo toma la forma **Nosotros**; si incluye **Tú** o **Usted**, toma la forma para **Ustedes**:
>
> El y yo comemos; El y tú comen; Pedro y usted comen.

Nota: Vosotros es la segunda persona plural para el tratamiento familiar de tú. Ustedes corresponde al plural de la expresión formal ustedes. En el español americano se utiliza **ustedes** para expresar el plural de tú y usted. La forma verbal correspondiente a **vosotros** se presentará en los paradigmas, pero no se estudiará.

Otros verbos regulares son: caminar, hablar, beber, meter, permitir, partir, prohibir, etc.

Usos del presente

I. El presente se usa para expresar una acción o estado que el sujeto realiza o experimenta en el momento en que se habla.

Estudio español.   I study (am studying) Spanish.

Lola está enferma.   Lola is sick.

II. Se usa el presente también para expresar una verdad atemporal.

El Océano Pacífico es por lo general calmado.
Dos y dos son cuatro.

III. Se usa para expresar el presente histórico.

Cortés conquista México en 1521.
España pierde sus últimas posesiones ultramarinas en 1898.

IV. El presente puede también expresar un mandato.

Te callas o me voy.
Me das más carne por favor.

VI. El presente puede usarse con significación futura.

Mañana lavas tu coche.
Después comemos.

Actividades

I. **Llene el espacio con la forma correcta del pronombre personal. Dé usted todas las posibilidades: él, ella, usted, etcétera.**

1. _____ camino   4. _____ cocinan

2. _____ secan   5. _____ planchamos

3. _____ tiro   6. _____ lavas

7. _____ gritas		14. _____ sacan
8. _____ llora		15. _____ llego
9. _____ encerramos		16. _____ sacude
10. _____ reciben		17. _____ tocan
11. _____ cuidas		18. _____ llaman
12. _____ sube		19. _____ halla
13. _____ corremos		20. _____ barro

II. Llene el espacio con la conjugación correcta del presente de los verbos entre paréntesis.

1. El Sr. Pérez _____ (borrar) lo que escribe.

2. Las tropas no siempre se _____ (cubrir) de gloria.

3. Dora y yo _____ (adorar) la vida madrileña.

4. Ese profesor y tú nunca _____ (separar) a los chicos que discuten.

5. Mañana a las dos Elsa y yo _____ (partir) para Suramérica.

III. Lea en voz alta las siguientes oraciones llenando el espacio con la conjugación correcta del presente de los verbos que aparecen entre paréntesis.

1. Nosotros _____ (bailar) una polka y tú _____ (cantar).

2. Si tú y él _____ (beber) más, yo no _____ (tocar) el piano.

3. Usted _____ (nadar) bien, pero mis amigas _____ (esquiar) mejor.

4. Pablo y yo _____ (escribir) la carta y ellas la _____ (leer).

5. Si ustedes _____ (meter) la bicicleta, no se moja.

6. Usted _____ (ganar) bien, pero _____ (deber) mucho dinero.

7. Si nosotras _____ (lavar) el coche, nos _____ (ganar) diez dólares.

8. Si ellas _____ (bañar) al perro, les _____ (dar) pastel su mamá.

9. Juanita _____ (recitar) poesía maravillosamente.

10. Los pericos _____ (aprender) las lenguas extranjeras rápidamente.

El género de los adjetivos

El adjetivo se encuentra siempre próximo al nombre que modifica y con el cual concuerda en género y en número.

1. Los adjetivos terminados en **O** forman su femenino cambiando la **O** por **A**:

Un día glorioso.   Una noche gloriosa.
El perro gordo.   La perra gorda.

2. Algunos terminados en **A** utilizan la misma forma para el masculino que para el femenino:

El poeta azteca.   La poesía azteca.
El producto agrícola.   La producción agrícola.

3. Los terminados en **E** usan la misma forma para ambos géneros:

Un día alegre.   Una mañana alegre.
Un hombre agradable.   Una mujer agradable.

5. Los adjetivos terminados en consonante no cambian de terminación excepto cuando indican nacionalidad o terminan en los sufijos [án], [ón], o [ín]

Un trabajo original.   Una creación original.
El peor enemigo.   La peor enemiga.
El niño cortés.   La chica cortés.
El corredor veloz.   La corredora veloz.
Un problema común.   Una idea común.

Excepción: El padre superior.   La madre superiora.

Ejemplos de adjetivos terminados en consonante que cambian de terminación.

Un hombre bailarín.	Una mujer bailarina.
Un joven holgazán.	Una joven holgazana.
Un zorro ladrón.	Una zorra ladrona.
Un libro español	Una silla española.

Actividades

I. Escriba una oración con cada uno de los siguientes adjetivos.

1. dulce		6. exigente
2. maya		7. internacional
3. santa		8. catalana
4. azul		9. ausente
5. amable		10. ágil

II. Escriba una oración con cada uno de los siguientes adjetivos.

1. militar	11. natural
2. trabajadora	12. fugaz
3. francesa	13. local
4. animal	14. regular
5. exterior	15. semejante
6. sensato	16. vulgar
7. noble	17. infiel
8. libre	18. francés
9. regional	19. carmín
10. carnal	20. infeliz

El plural de los adjetivos

El plural de los adjetivos se forma igual que el de los sustantivos. Si el adjetivo termina en vocal átona, se agrega **S**; si termina en consonante, se agrega **ES**. Recuerde que una **Z** al final de una palabra se convierte en **C** al formar el plural.

Un coche rojo.	Unos coches rojos.
Un guerrero fiel.	Unos guerreros fieles.
Un chico feliz.	Unos chicos felices.

Pero: carmesí, carmesíes; hindú, hindúes; baladí, baladíes

Actividades

I. Reescriba las siguientes frases cambiándolas al femenino.

1. Un camino peatonal. (calle)

2. Un niño comilón.

3. Un animal ágil.

4. Un hombre español.

5. Un amigo especial.

II. Reescriba las siguientes frases cambiándolas al masculino.

1. La muñeca pelona.

2. Una acción imbécil. (asunto)

3. La educación vial. (problema)

4. Una carretera difícil. (camino)

5. Una taza frágil. (vaso)

III. Cambie las siguientes frases al femenino.

1. Un empleado jugador.

2. Un hermano superior.

3. Un sombrero inglés. (falda)

4. Un suceso atroz. (situación)

5. Un encuentro espectacular. (lucha)

IV. Cambie las siguientes frases al masculino.

1. La casa triangular. (edificio)

2. La pared exterior. (portón)

3. La mujer veraz.

4. La esposa infeliz.

5. La corredora japonesa.

V. Cambie las siguientes frases al plural.

1. El jugador feliz.

2. El diario inglés.

3. El amor fugaz.

4. El armamento iraquí.

5. El atleta cordobés.

6. Un español difícil.

7. El hindú religioso.

8. Un hambre feroz.

9. Un abogado inglés.

10. Una corredora veloz.

El presente de indicativo
Verbos irregulares I

Los verbos irregulares sufren cambios en la raíz principalmente de acuerdo a los siguientes patrones.

I. Verbos con cambio vocálico en la raíz.

1. La O cambia a UE.

	Recordar	**Moler**	**Dormir**
Yo	recuerdo	muelo	duermo
Tú	recuerdas	mueles	duermes
Usted El Ella	recuerda " "	muele " "	duerme " "
Nosotros Nosotras	recordamos "	molemos "	dormimos "
Vosotros Vosotras	recordáis "	moléis "	dormís "
Ustedes Ellos Ellas	recuerdan " "	muelen " "	duermen " "

Otros verbos semejantes son: **volar, morder, volver, forzar, contar, poder, morir, torcer,** etc. El verbo **jugar** también tiene [**ue**] en su raíz.

juego, juegas, juega, jugamos, jugáis, juegan

Observe que la forma "nosotros" y "vosotros" no cambia la raíz.

2. La E cambia a IE

	Pensar	Querer	Senrir
Yo	pienso	quiero	siento
Tú	piensas	quieres	sientes
Usted	piensa	quiere	siente
El	"	"	"
Ella	"	"	"
Nosotros	pensamos	queremos	sentimos
Nosotras	"	"	"
Vosotros	pensáis	queréis	sentís
Vosotras	"	"	"
Ustedes	piensan	quieren	sienten
Ellos	"	"	"
Ellas	"	"	"

Otros verbos iguales son **extender, herir, hervir, acertar, perder, preferir,** etc.

2A. Verbos con cambios de **E** a **IE** e inserción de **G**.

Tener tengo tienes tiene tenemos tenéis tienen
Venir vengo vienes viene venimos venís vienen

Observe que además del cambio de la vocal hay otro cambio en la primera persona del singular, la G que se intercala entre la raíz del verbo y la terminación.

3. Hay un grupo de verbos que agregan E a la raíz.

Adquirir adquiero, adquieres, adquiere, adquirimos, adquirís, adquieren

Inquirir inquiero, inquieres, inquiere, inquirimos, inquirís, inquieren

4. La E cambia I

	Pedir	Seguir	Servir
Yo	pido	sigo	sirvo
Tú	pides	sigues	sirves
Usted El Ella	pide " "	sigue " "	sirve " "
Nosotros Nosotras	pedimos "	seguimos "	servimos "
Vosotros Vosotras	pedís "	seguís "	servís "
Ustedes Ellos Ellas	piden " "	siguen " "	sirven " "

Otros verbos semejantes son **medir, perseguir, concebir, rendir, henchir, impedir, conseguir**, etc.

5. Cambio de **E** a **I** y que agregan **G** en la primera persona del singular.

Decir   digo, dices, dice, decimos, decís, dicen

Otros verbos iguales son los derivados de "decir" como: **predecir, bendecir,** etc.

6. **Verbos con cambios en la primera persona singular**

Caber	Salir	Hacer	Caer	Dar
quepo	**salgo**	**hago**	**caigo**	**doy**
cabes	sales	haces	caes	das
cabe	sale	hace	cae	da
cabemos	salimos	hacemos	caemos	damos
cabéis	salís	hacéis	caéis	dais
caben	salen	hacen	caen	dan

Otros verbos con cambios en la primera persona singular del presente son:

poner   **pongo,** pones, pone, ponemos, ponéis, ponen

saber   **sé,** sabes, sabe, sabemos, sabéis, saben

7. Verbos con cambio en la primera persona singular

A. Una gran mayoría de los verbos terminados en **CER** o en **CIR** agregan gráficamente una **Z** (excepto decir), pero en cuanto al sonido agregan /**k**/.

Conocer	**Traducir**
conozco	traduzco
conoces	traduces
conoce	traduce
conocemos	traducimos
conocéis	traducís
conocen	traducen

Otros verbos semejantes son: **reducir, seducir, agradecer, lucir,** etc.

Sin embargo, varios verbos terminados en CER tienen un cambio distinto.

vencer venzo, vences, vence, vencemos, vencéis, vencen

mecer mezo, meces, mece, mecemos, mecéis, mecen

cocer cuezo, cueces, cuece, cocemos, cocéis, cuecen

B. Los verbos terminados en **ger** o en **gir** cambian la **G** por **J** antes de la **O** o de la **A.**

exigir exijo, exiges, exige, exigimos, exigís, exigen

escoger escojo, escoges, escoge, escogemos, escogéis, escogen

Otros verbos similares son **dirigir, coger, encoger, elegir,** etc.

8. Los verbos terminados en [**uir**] intercalan una **Y** delante de **A, E,** y **O.**

destruir destruyo destruyes destruye destruimos destruís destruyen

9. **Verbos con cambios en todas las personas**

ser	soy	eres	es	somos	sois	son
ir	voy	vas	va	vamos	vais	van
oír	oigo	oyes	oye	oímos	oís	oyen
oler	huelo	hueles	huele	olemos	oléis	huelen

Nota: La **H** es necesaria en las conjugaciones de oler porque no puede haber [**ue**] al principio de las palabras.

10. El verbo **satisfacer** se conjuga igual que **hacer**. Sólo se cambia la **C** por la **F**.

Satisfacer   satisfago, satisfaces, satisface, satisfacemos, satisfacéis, satisfacen

Actividades

I. Escriba una oración original utilizando correctamente cada una de las siguientes formas verbales.

1. prefieres

2. limpiamos

3. oye

4. traducen

5. descanso

6. hueles

7. satisfago

8. reduzco

9. cuezo

II. Llene el espacio con la conjugación correcta del presente de los infinitivos que aparecen entre paréntesis.

1. Los García _____ (decir) que tú siempre _____ (venir) solo.

2. ¿Tú _____ (querer) café o té? Nosotros _____ (preferir) té.

3. Si yo no _____ (dormir) 8 horas, no _____ (poder) trabajar.

4. Yo les _____ (rogar) que me esperen más tiempo.

5. Si Juan _____ (jugar), yo no _____ (jugar)

6. María _____ (mentir) cuando _____ (decir) que yo la _____ (querer).

7. Si me _____ (pedir) más dinero, no te _____ (dar) ni un centavo.

8. ¿Tú _____ (decir) que yo no _____ (recoger) la basura?

9. Nosotros _____ (seguir) estudiando y tú _____ (seguir) jugando.

10. ¿Usted _____ (recordar) el corrido de Juan Charrasqueado?

III. Llene el espacio con la conjugación correcta del presente del infinitivo entre paréntesis.

1. Yo _____ (saber) que tú _____ (mentir) cuando _____ (decir) que Juan _____ (preferir) a María.

2. Tú _____ (destruir) fácilmente tu trabajo; nosotros nunca _____ (destruir) el nuestro.

3. ¿Tú _____ (escuchar) la radio en español? Yo _____ (preferir) la televisión.

4. Usted no _____ (encontrar) una salida porque no _____ (querer).

5. Yo _____ (traducir) sólo cuando _____ (tener) que hacerlo.

6. Entre el café y el té, yo _____ (escoger) el vino.

7. Si tú _____ (seguir) fastidiando, te pego.

8. Ustedes _____ (nadar) sólo durante los veranos. _____ (ser) perezosos.

9. Ellos _____ (decir) que las tormentas en el mar _____ (ser) peligrosas.

10. Cuando yo _____ (oír) la lluvia, _____ (correr) a casa.

Más verbos irregulares

1. Los verbos terminados en [iar] se dividen en dos grupos: los que se acentúan gráficamente en su conjugación y los que no se acentúan.

A. Verbos que acentúan la **I** de la terminación según el siguiente patrón.

fiar fío fías fía fiamos fiáis fían

espiar espío espías espía espiamos espiáis espían

Observe que la primera persona del plural, nosotros, no se acentúa.

Otros verbos semejantes son: **ampliar, criar, confiar, enfriar, esquiar, piar, variar, fotografiar, etc.**

B. Verbos que no acentúan la **I** de la terminación:

acariciar acaricio acaricias acaricia acariciamos acariciáis acarician

ensuciar ensucio ensucias ensucia ensuciamos ensuciáis ensucian

Otros verbos semejantes son: **copiar, desperdiciar, aliviar, angustiar, beneficiar, cambiar, etc.**

2. Los verbos terminados en **[uar]** también se dividen en dos grupos similares.

A. Verbos que acentúan la **U** de la terminación.

actuar actúo actúas actúa actuamos actuáis actúan

evaluar evalúo evalúas evalúa evaluamos evaluáis evalúan

Observe usted, de nuevo, que la primera persona del plural no se acentúa.

Otros verbos similares son: **atenuar, evaluar, continuar, devaluar, efectuar, graduar, etc.**

B. Verbos que no acentúan la **U** de la terminación.

averiguar averiguo averiguas averigua averiguamos averiguais averiguan

desaguar desaguo desaguas desagua desaguamos desaguais desaguan

Actividades

I. Escriba una oración con cada una de las siguientes formas verbales y léala en voz alta.

1. evacúan

2. enfrías

3. fío

4. espiamos

5. te gradúas

6. actúo

7. acaricias

8. desconfío

9. copio

10. anuncian

II. Llene el espacio con la conjugación correcta del presente del verbo en paréntesis.

1. Yo no _____ (desconfiar) de los desconocidos. Por eso _____ (actuar) normalmente.

2. Nosotros los norteamericanos _____ (desperdiciar) muchos energéticos.

3. Margarita siempre _____ (espiar) a su novio. _____ (desconfiar) de él.

4. El año próximo me _____ (graduar) de aquí. ¿Y tú cuándo te _____ (graduar)?

5. ¿Por qué no _____ (averiguar) tú su dirección mientras yo _____ (ir) al centro?

6. El presidente _____ (devaluar) la moneda del país.

7. La profesora _____ (evaluar) y _____ (traducir) las composiciones.

8. Cada cinco años yo _____ (desaguar) la piscina y la _____ (limpiar).

9. Los policías _____ (apaciguar) a los manifestantes y los _____ (fotografiar).

10. ¿Por qué te _____ (ensuciar) siempre? No _____ (tener) cuidado.

11. Yo _____ (cocer) bien la carne de puerco.

12. ¿Tú _____ (oír) los pájaros? Yo no _____ (oír) nada.

13. Yo _____ (mecer) al niño para que se duerma.

14. Yo _____ (agradecer) toda tu ayuda.

15. Yo _____ (estar) seguro que si usted _____ (continuar), usted _____ (satisfacer) los requisitos.

Expresiones problemáticas con la A

A. Homófonos

Las palabras que suenan igual pero se escriben de manera diferente se llaman homófonos. Hay un grupo de palabras y expresiones con el sonido /a/ inicial que por su similitud de sonido, causan problemas.

1. **a** (preposición).   Quiero ver a Juan.

   ha (de haber).   ¿Ha visto Pedro a María?

   ¡ah! (interjección).   ¡Ah! qué rico refresco.

2. **ablando** (de ablandar).   Si ablando la masa es mejor.

   hablando (de hablar).   ¿De qué estás hablando?

3. **abría** (de abrir).   Ana abría siempre la puerta.

   habría (de haber).   ¿Qué habría hecho usted?

4. **ala** (miembro de aves)   El gallo se quebró el ala.

   hala (de halar o jalar)   Hala más fuerte.

5. **allí** (adverbio)   ¿Estás allí?
   ahí (igual a allí)   ¿Estás ahí?

   hay (de haber)   Sólo hay dos cervezas.

   ¡Ay! (interjección)   ¡Ay! me piqué con esa aguja.

6. **aya** (niñera)   El aya es muy estricta.

   halla (de hallar)   Nunca halla sus juguetes.

   haya (haber; árbol)   Espero que haya venido José.
                                El haya es un árbol útil

   allá (no es homófono)
         (adverbio)   Nico está allá estudiando.

7. **arte** (sustantivo)   El arte maya es famoso.

   harte (de hartar)   No se harte usted.

8. **as** (naipe)   Tengo dos reinas y un as de oros.

   has (de haber)   ¿Qué has hecho hoy?

   haz (de hacer,
        manojo, conjunto)   Haz la tarea.
                                Dame un haz de trigo.
                                Un haz de luz cegó al fugitivo.

9. **Asia** (continente)   China está en Asia.

   hacia (preposición)   Voy hacia el mercado.

10. **asía** (de asir)   El perro asía la canasta.

    hacía (de hacer)   Ella hacía todo.

11. **asiendo** (de asir)   Asiendo la olla con el guante,
                                no te quemarás.

    haciendo (de hacer)   ¿Qué está haciendo usted?

    asciendo (de ascender) Asciendo la colina en la mañana.

12.	**asta** (cuerno, mastil)	El toro se rompió el asta.
		Hay que pintar el asta de la bandera.
	hasta (preposición)	Elena viene hasta las seis y media.
13.	**atajo** (de atajar)	Si puedo, atajo la pelota.
	hatajo (grupo chico de ganado)	Sólo tiene un hatajo de cabras.
14.	**aremos** (de arar)	Aremos la tierra ahora.
	haremos (de hacer)	Haremos las compras mañana.
15.	**a ver** (a observar)	No, sólo venimos a ver.
	haber (verbo auxiliar)	Dicen que va a haber una fiesta.
16.	**a ser** (convertirse)	Quiero llegar a ser policía.
	hacer (construir)	Necesito hacer mi trabajo.
17.	**a Dios** (la divinidad)	No se debe ofender a Dios.
	adiós (despedida)	Es difícil decir adiós.

Actividades

I. Escriba una oración utilizando correctamente cada una de las siguientes palabras.

1. ha   6. hasta

2. hay   7. a ser

3. a ver   8. halla

4. allá   9. arte

5. haz   10. haremos

II. Llene el espacio con la palabra adecuada.

1. Ibamos _____ el edificio porque era tarde. (hacia, hacía, asía)

2. Doña Lola va _____ un baile el domingo. (a ser, a hacer)

3. ¿Quién _____ sido el afortunado? (abría, habría)

4. Cuando busca sus llaves, nunca las _____ .
(haya, halla, allá)

5. "_____ lo que pude", dijo el labrador. (Aré, Haré)

6. Primero _____ la carne, luego la preparo. (ablando, hablando)

7. ¿ _____ estado en el Ecuador? (Has, Haz, As)

8. Dicen que es bueno rezarle _____ . (adiós, a Dios)

9. Nos fuimos porque _____ mucho frío. (hacía, hacia, asía)

10. Todos vienen mañana porque va _____ fiesta. (a ver, a haber)

11. No creo que Juanita _____ estado en Alaska. (halla, haya, allá)

12. Poco a poco _____ la montaña. (asciendo, haciendo, asiendo)

13. ¿Sabes si Rafael ya _____ hecho la tarea? (ha, ah, a)

14. El pajarito tenía el _____ rota. (hala, ala)

15. Se dice que _____ mucho trabajo en el norte. (ay, ahí, hay)

III. Llene el espacio con la forma correcta de a ver, haber, o a haber.

1. _____ si mañana llegas más temprano.

2. De _____ sabido que era lunes, no hubiera venido.

3. Después de _____ terminado su trabajo se durmió.

4. Creo que voy _____ a mi novia hoy.

5. Debe _____ más dinero en esa cuenta.

IV. Llene el espacio con la forma correcta de ser, a ser, o hacer.

1. No es necesario _____ empanadas siete días a la semana.

2. Joaquín estudia mucho porque quiere llegar _____ médico.

3. Quiero _____ una solicitud de empleo en ese lugar.

4. Víctor siempre quiere _____ primero en todo.

5. No es bueno _____ tan egoísta.

V. Llene el espacio con la forma correcta de ahí, hay, o ay.

1. Los libros están _____ donde te dijo el maestro.

2. ¿_____ cerveza en el refrigerador?

3. ¿Está _____ Teresa? ¿Dice que _____ que ir a buscarla?

4. ¡_____ se me olvidó traer dinero!

5. ¿Cuántos alumnos _____ en esa clase?

VI. Llene el espacio con la forma correcta de halla, haya, o allá.

1. Tu tía Rosa está _____ en el rancho.

2. Héctor nunca _____ lo que busca.

3. No creo que _____ pasado el cartero todavía.

4. Ojalá _____ escrito Lupita.

5. No se sabe nunca qué pasa _____ .

B. Problemas debido a interferencias del inglés

Algunas palabras se escriben con ha en un idioma y con a en el otro. Busque las siguientes palabras en el diccionario si no las conoce y dé su equivalente inglés.

1. arneses	6. arpía (bruja)
2. alucinación	7. arlequín
3. arpa	8. arpista
4. armonía	9. habilidad
5. hábilmente	10. arpón

La artesanía mexicana en Los Angeles: Formas en transición

En una encuesta reciente llevada a cabo por la Plaza de la Raza de Los Angeles se documenta la labor de artesanos locales, quienes han aprendido y practicado su arte en una manera tradicional. En este grupo se hallaban, además de un sinnúmero de músicos y bailarines, artesanos de "piñatas", flores de papel, sillas de montar, "huaraches" (zapatillas de cuero), lienzos de "popote" (paja), hierro forjado, instrumentos musicales como la guitarra y el arpa, joyería de plata, tejidos y escultura de migajón.

Aún en el caso de artesanos criados en México, se notan varios cambios en el estilo, materiales y función de sus obras. Los diseños populares en México, por ejemplo, pueden no serlo aquí. Las mujeres que tejen y bordan frecuentemente comentan que el tamaño, estambre e hilo que se halla aquí es inferior al de México e insisten en usar materiales importados. Las motivaciones de muchas de estas bordadoras y tejedoras han cambiado a través de los años. Si en un principio lo hacían para ganar algún dinero suplementario, ahora lo hacen para suplir las necesidades de su hogar o como entretenimiento.

El joyero y grabador en platería Rubén Delgado, al igual que el talabartero Alfredo Ayala son dos individuos que dependen de su artesanía para ganarse la vida. Al igual que los guitarreros, herreros, zapateros y modistas, estos hombres producen objetos hechos a mano de excelente calidad, superiores a los que se fabrican en masa. Debido a la calidad de sus productos existe una demanda constante de sus productos aquí en Los

Angeles. La supervivencia de la charrería ha creado una industria que exige y consume los productos de ambos artesanos. Aunque los diseños y el material empleado en sus obras se alteren frecuentemente para satisfacer el gusto de los angelinos y difieran un tanto de los de México, su técnica y proceso son los mismos que aprendieron en su país de origen.

(City Roots Festival)

Actividades

I. Escoja la palabra o expresión de la columna derecha que corresponda con la de la izquierda.

1. encuesta	a. piel
2. llevar a cabo	b. silla
3. plata	c. poroto
4. piñata	d. el interior del pan
5. popote	e. investigación
6. herrero	f. artesano de la piel
7. silla de montar	g. trabajo
8. charrería	h. instrumento musical
9. hierro forjado	i. artesano del hierro
10. arpa	j. del arte del vaquero mexicano
11. grabador	k. lograr, consumar
12. talabartero	l. asiento del jinete
	m. el que traza en una lámina de metal o piel
	n. paja

II. ¿Cree usted en la supervivencia del arte y costumbres de los grupos étnicos que han emigrado a los Estados Unidos? Conteste con un breve párrafo citando ejemplos que usted conozca.

III. ¿Cree usted que es beneficioso mantener las costumbres de nuestros padres? ¿Es posible mantenerlas e integrarnos a una nueva cultura? Conteste con un breve párrafo.

IV. Llene el espacio con la forma correcta de "ver" "a ver", "haber", o "a haber".

1. Estoy contento de _____ visto las pirámides, pero más aún de _____ tu rostro cerca de mí.

2. Por no _____ hecho la tarea, no vas _____ televisión; debías _____ terminado tus deberes primero.

3. El placer de _____ visto la película sólo lo supera el _____ leído el libro.

V. Escriba una oración utilizando correctamente las siguientes formas verbales.

1. tuerces	11. inquiero
2. miente	12. cuecen
3. duermen	13. preferimos
4. pido	14. hieres
5. parto	15. extiendo
6. prefiero	16. fuerza
7. adquiere	17. mueles
8. hierves	18. oímos
9. distribuyen	19. adquirimos
10. satisfacemos	20. inhibes

CAPITULO V

El pretérito
Verbos regulares

Los verbos regulares del pretérito, como los del presente, siguen un mismo patrón en los cambios de sus terminaciones.

	Cantar	**Meter**	**Escribir**
Yo	canté	metí	escribí
Tú	cantaste	metiste	escribiste
Usted	cantó	metió	escribió
El	"	"	"
Ella	"	"	"
Nosotros	cantamos	metimos	escribimos
Nosotras	"	"	"
Vosotros	cantasteis	metisteis	escribisteis
Vosotras	"	"	
Ustedes	cantaron	metieron	escribieron
Ellos	"	"	"
Ellas	"	"	"

Nótese que la primera y tercera personas del singular Yo y El, se acentúan.

Obsérvese también que la primera persona plural, NOSOTROS, tiene la misma forma en el pretérito que en el presente. Sólo el contexto nos puede explicar si se trata del presente o del pretérito.

Cantamos hoy en la mañana.
Cantamos ayer en la tarde.

Ojo: algunos verbos irregulares en el presente son regulares en el pretérito.

recordar recordé, recordaste, recordó, recordamos recordasteis, recordaron.

pensar pensé, pensaste, pensó, pensamos, pensasteis, pensaron.

Usos del pretérito

El pretérito se usa para expresar una acción o estado que sucedió en una unidad de tiempo ya concluida para el hablante.

Corriste cinco millas. Rita se sintió mal anoche. El gato arañó al niño.

Actividades

I. Lea en voz alta las siguientes oraciones, subraye los verbos que aparezcan en el pretérito y diga cuál es su infinitivo.

1. El tren llegó tarde anoche.

2. La vieja tubería acarreó el agua durante treinta años.

3. Nosotros miramos el desfile ayer por la mañana.

4. Ustedes cortaron más de lo que debían.

5. El maestro indicó cómo resolver el problema.

6. Hallaron a la niña en el parque.

7. Ella me vio cuando llené el vaso de vino.

8. ¿Dices que te quedó cruda la carne?

9. La bella modelo descendió los escalones.

10. Abrí la puerta, pero no vi a nadie.

II. Llene el espacio con la conjugación correcta del verbo en paréntesis.

1. Los chicos que _____ (participar) ayer, _____ (descansar) hoy.

2. José _____ (prender) la luz porque estaba oscuro.

3. Te sientes mal porque te _____ (beber) media botella de mezcal.

4. No sé por qué ustedes _____ (subir) tan rápido.

5. El _____ (encender) las velas cuando se _____ (apagar) las luces.

6. Yo _____ (vivir) en el Japón por dos años.

7. Ayer tú _____ (manejar) hasta Santa Bárbara.

8. La serpiente _____ (morder) a la niña en la pierna.

9. Ellas _____ (nadar) ocho millas a la semana.

10. Tú _____ (dejar) la puerta abierta.

III. Escriba una oración con cada uno de los siguientes pretéritos.

1. sacó   6. rompió

2. olvidaste   7. acceden

3. recordó   8. me cohibí

4. señalé   9. tocaron

5. gritaste   10. caminaste

Verbos irregulares

A. Verbos con cambios en la vocal de la raíz de la tercera persona del singular y del plural (El, Ellos, Ella, Ellas; así como en Usted, Ustedes).

Pedir pedí pediste pidió pedimos pedisteis pidieron

Dormir dormí dormiste durmió dormimos dormisteis durmieron

    1. Cuando la raíz termina en vocal, la **I** pasa a **Y** porque ocupa posición intervocálica átona.

Caer caí, caíste, **cayó**, caímos, caísteis, **cayeron**

leer leí, leíste, **leyó**, leímos, leísteis, **leyeron**

Destruir destruí, destruiste, destruyó, destruimos, destruisteis destruyeron

Otros verbos semejantes son **construir, huir, diluir, oír, caer, leer.**

Excepción es el verbo traer (ver página 93). Por regla general cuando la **I** átona está entre vocales cambia a **Y**. La **I** tónica se mantiene: leía, cabía.

Actividades

I. Lea las siguientes oraciones en voz alta y ponga la conjugación correcta de los pretéritos entre paréntesis en el espacio en blanco. Algunos verbos son regulares, otros no.

1. Pepe y Elba _____ (pedir, ordenar, servir) más vino.

2. La perra _____ (roer, dejar, mirar) los huesos del asado.

3. Jaime _____ (conocer, ver, hallar) a María en el baile.

4. Yo _____ (encerar, encerrar, manejar) el coche de Pepe ayer por la mañana.

5. Tú _____ (entender, estudiar, enseñar) muy bien la lección de español.

6. María Isabel _____ (hallar, alcanzar, dejar) a Juanito en la esquina.

7. Tú y Rosa _____ (recordar, escribir, pedir) la fecha de nuestro aniversario.

8. Nosotras _____ (encender, pagar, apagar) la nueva televisión anoche.

9. Teresa _____ (seguir, continuar) estudiando hasta las doce.

10. Ramón _____ (preferir, optar por) dormir tarde esta mañana.

II. Lea y llene el espacio en blanco con la forma correcta del pretérito del verbo en paréntesis.

1. Los anfitriones _____ (servir, pedir) la cena a las ocho.

2. Ella no _____ (mentir, fingir) al decir que no lo quería.

3. Los aztecas _____ (construir, diseñar) templos admirables.

4. Mi amiga Lourdes _____ (leer) **La odisea** en la escuela.

5. La modista _____ (medir, pedir) la tela para hacer el vestido.

6. Lo que pasa es que tú _____ (caer) en una trampa.

7. Mi tía Amelia _____ (morir) el año pasado de una borrachera.

8. Yo _____ (oír) la tormenta que _____ (pasar) por aquí anoche.

9. Los españoles _____ (destruir) los templos paganos y _____
(construir) iglesias.

10. El maestro _____ (instruir) a los alumnos sobre el uso del pretérito.

III. Escriba una relación detallada, real o imaginaria, de todo lo que hizo
ayer. Escriba aproximadamente una página a espacio doble.

El gerundio

A. Formas del gerundio.

1. La forma regular del gerundio agrega las terminaciones **ANDO** y **IENDO**
a la raíz del infinitivo. El gerundio es equivalente al "present participle" en
inglés.

Infinitivo	Gerundio	Present Participle
acabar	acabando	finishing
vender	vendiendo	selling
recibir	recibiendo	receiving

2. Las raíces de los infinitivos terminados en vocal cambian la **I** inacentuada por **Y** para formar el gerundio. (v. gr. le-er, ca-er, destru-ir, etc.)

oír	oyendo	traer	trayendo
leer	leyendo	ir	yendo

3. Los verbos terminados en **ER, IR** con cambios vocálicos en la raíz del pretérito (pudo, vino, etc.), tienen el mismo cambio en el gerundio. La **O** a **U** y la **E** a **I**.

poder	pudiendo	decir	diciendo
morir	muriendo	venir	viniendo

Actividades

I. Escriba usted el gerundio de los siguientes infinitivos:

1. mentir	5. traducir	8. leer
2. sacudir	6. atraer	9. servir
3. dormir	7. instruir	10. decir

Usos del Gerundio

1. El gerundio se usa después de verbos como estar, ir, seguir, venir, andar y continuar para formar los tiempos progresivos que expresan una acción en el proceso de suceder.

Pepita anda diciendo mentiras.

José María estuvo trabajando en el campo ayer.

Yolanda sigue contando maravillas de México.

2. El gerundio se usa independientemente cuando se expresa la idea de "por medio de este método o manera", o "a causa de".

> Comiendo tanto, vas a engordar.
> Estando sentados a la mesa, pudimos leer.

Observación: Por lo general el gerundio en español no se puede usar después de una preposición. Esto es, no se puede usar como sustantivo. Tampoco se puede usar como adjetivo.

> Anduvimos una milla después de comer.
> We walked for a mile after eating.

> (El) Estudiar ayuda a mejorar la nota.
> Studying helps to better your grade.

> Esposo amante.   Loving husband.
> La bella durmiente.   Sleeping beauty.

Excepción: En terminando de comer, se marcharon.

---

3. La expresión "que + verbo" se usa frecuentemente en español para reemplazar al gerundio inglés usado como adjetivo.

La caja **que contiene** bombones.   The box **containing** sweets.
Un libro **que describe** el clima.   A book **describing** the climate.

Actividades

I. Escriba una oración utilizando cada uno de los siguientes gerundios:

1. nadando   4. oyendo   7. divirtiendo

2. sudando   5. eligiendo   8. construyendo

3. muriendo   6. distrayendo   9. durmiendo

Expresiones problemáticas con B

I. La **B** se confunde con **V** debido a que suenan igual.   Compárese los siguientes homófonos:

1. **baca**   (apellido, canastilla para equipaje)
    vaca   (hembra del toro)

    El equipaje se pondrá en la baca.
    Las vacas no dieron mucha leche ayer.

2. **baso**   (de basar)
    bazo   (víscera)
    vaso   (para beber)

    Yo no baso mi argumento en falsedades.
    La Sra. Gutiérrez está enferma del bazo.
    Dame un vaso de agua por favor

3. **bienes**   (caudal, propiedades)
    vienes   (de venir)

    Los bienes del abuelo eran muchos.
    ¿Vienes o te quedas?

4. **botar**   (arrojar, tirar)
    votar   (ejercer el voto)

    La pelota bien inflada bota bien.
    ¿Usted vota por ese candidato?

5. **baya**   (fruto, color)
    vaya   (de ir)
    valla   (cerca, muro)

    La yegua baya tuvo un potro.
    La yegua brincó la valla.

6. **bello**   (hermoso)
    vello   (pelo suave)

    Raúl pintó un bello paisaje.
    El vello del pecho se le puso blanco.

7. **combino**   (de combinar)
    convino   (de convenir)

    Primero combino los ingredientes.
    Enriqueta convino en venir temprano.

8. **hierba; yerba** (pasto, césped)
    hierva   (de hervir)

    No dejes crecer la yerba.
    Hierva bien el agua antes de beberla.

9. **rebelar**   (sublevar)
    revelar   (descubrir)

    El joven se rebeló contra sus padres.
    Esos datos revelan que Lola tenía razón.

10. **tubo**   (para agua)
    tuvo   (de tener)

    Tuvo que instalar un tubo de cobre.

Actividades

I. Llene el espacio en blanco con la palabra apropiada.

1. El bebé tiene la cabeza cubierta de _____. (bello, vello)

2. Joaquín heredó los _____ del abuelo. (bienes, vienes)

3. Siempre se tapa el _____ del agua. (tubo, tuvo)

4. Antes de hacer la salsa, yo _____ los ingredientes. (combino, convino)

5. La doctora Rubio me va a operar del _____. (vaso, baso, bazo)

6. Mi hija quiere que yo _____ al médico. (valla, vaya, baya)

7. Pablo _____ la basura los miércoles. (bota, vota)

II. Interferencias del inglés.

A. Algunas palabras se escriben con **B** en un idioma y
con **V** en el otro. Escriba el equivalente inglés de las siguientes palabras.

1. bebida   _____

2. automóvil   _____

3. gobierno   _____

4. La Habana   _____

5. movilidad   _____

6. taberna   _____

7. arribar   _____

8. móvil   _____

9. percibir   _____

10. recibir   _____

B. **Otras palabras se escriben con B en español y con BB en inglés. Escriba
el equivalente español de las siguientes palabras.**

1. abbey   _____   5. Sabbath   _____

2. to abbreviate _____   6. abbot   _____

3. robbery   _____   7. abbess   _____

4. Sabbatical   _____   8. abbreviation   _____

Actividades

I. **Escriba una oración utilizando correctamente cada una de las siguientes
palabras.**

1. abrevias   6. concebir

2. automóvil

3. rabino

4. movilidad

5. percibí

7. robo

8. recibiste

9. abadía

10. arribaste

III. Más interferencias

La **B** y la **P** en español causan cierta confusión por su similitud fónica. Compare los siguientes pares de palabras.

baso	paso	aborto	aporto
cubo	cupo	bastilla	pastilla
balazo	palazo	basto	pasto
batear	patear	tubo	tupo

Actividades

I. Lea en voz alta las siguientes oraciones.

1. No me basto para cortar el pasto.

2. Luis sabe patear pero no puede batear.

3. Esos pantalones tienen una ancha bastilla.

4. Me tomé una pastilla para el dolor de muelas.

5. El ladrón roba ropa.

6. No cupo el cubo.

7. Elba supo que siempre subo.

8. Aporto mis estudios sobre el aborto.

9. Cada seis meses tupo el tubo de la cocina.

10. La perra puso su pata en mi bata.

II. Escriba una oración con cada una de las siguientes palabras.

1. balada	11. paso
2. baso	12. parra
3. barra	13. cubo
4. movilidad	14. vaya
5. vello	15. baso
6. tubo	16. percibir
7. valla	17. tuvo
8. bienes	18. yerba
9. hierva	19. vaso
10. taberna	20. convino

Incendio Teledirigido

Hace unos años la policía de Tokio **detuvo** al soldado Kanekichi Hasimoto por haber **incendiado** su casa para cobrar el seguro. Lo curioso **fue** el procedimiento empleado por Hasimoto para provocar el incendio: **puso** un **cubo** de gasolina encima de un **armario** y sobre el cubo un **calentador** eléctrico. Sobre este calentador, conectado con el **interruptor** de la luz, colocó una **jabonera** de **celuloide**. Desde el interruptor tendió un cable hasta el exterior de la casa, al final del cual **ató** un pescado. Un gato **jaló** el pescado y **movió** el interruptor. El calentador **se incendió** y **provocó** el incendio de la jabonera, la cual **cayó** dentro del cubo de gasolina que, naturalmente, también se **inflamó** e incendió la casa. La policía no se **tragó** el **anzuelo** y el extraño incendiario **acabó** en la cárcel.

(Contenido)

Actividades

I. Escriba el infinitivo de las siguientes formas verbales.

1. colocó _____   6. puso _____

2. ató _____   7. movió _____

3. provocó _____   8. tragó _____

4. inflamó _____   9. cayó _____

5. detuvo _____   10. jaló _____

II. **Llene el espacio en blanco con una de las palabras subrayadas en el escrito.**

1. Cuando fuimos a pescar al río usamos un _____.

2. Durante la temporada de sequía hay muchos _____.

3. Una persona que intencionalmente causa un _____ se llama un _____.

4. El jabón se debe poner siempre en una _____.

5. Para poder llamar _____ el cordón.

III. **Conteste las siguientes preguntas.**

1. ¿Qué es un incendiario?

2. ¿Por qué cree usted que el señor Hasimoto pasó tantos trabajos para lograr su objetivo?

3. ¿Qué cree usted que es una jabonera de celuloide?

IV. Escriba una oración original utilizando cada una de las siguientes formas verbales.

1. ató

2. detuvo

3. provocó

4. tragó

5. acabó en

6. calentador

7. cubo

8. puso

IV. Escriba un relato de sus últimas vacaciones o de algún suceso memorable. Observe que debe usar principalmente el tiempo pretérito. Escriba aproximadamente cien palabras.

V. Escriba una breve composición sobre algún suceso notable que le haya sucedido en los últimos doce meses. (Más o menos cien palabras). Sugerencias: me casé, me enamoré, me gradué, conocí a ..., tuve un accidente, saqué una buena (mala) nota en mis clases, encontré un mejor trabajo, aprendí a manejar (a volar, a bailar), etc.

CAPITULO VI

El pretérito

Verbos con otros cambios

I. Hay un grupo de verbos que no alteran la raíz sino que adaptan la ortografía para preservar los sonidos del infinitivo.

A. Los verbos terminados en **car, gar,** y **zar** sufren un cambio ortográfico en la terminación de la primera persona del singular.

Marcar:	marqué, marcaste, marcó, marcamos, marcasteis, marcaron,
Almorzar:	almorcé, almorzaste, almorzó, almorzamos, almorzasteis, almorzaron
Llegar:	llegué, llegaste, llegó, llegamos, llegasteis, llegaron.

Otros verbos terminados en **guar** agregan diérisis (ü) en la primera persona del singular.

Averiguar:	averigüé, averiguaste, averiguó, averiguamos, averiguasteis, averiguaron.

Otros verbos semejantes son: **menguar, deslenguar, apaciguar, desaguar,** etc.

Actividades

Escriba la primera persona del singular (yo) del pretérito de los siguientes infinitivos.

1. apaciguar _____   6. adelgazar _____

2. practicar _____   7. pronosticar _____

3. amenazar _____   8. pagar _____

4. dialogar _____   9. trazar _____

5. empezar _____   10. empezar _____

Verbos irregulares

I. Verbos con cambios en la radical y en las desinencias.

A. Verbos con U en común.

Estar [estuv] estuve, estuviste, estuvo, estuvimos, estuvisteis, estuvieron

Tener [tuv] tuve, tuviste, tuvo, tuvimos, tuvisteis, tuvieron

Andar [andu] anduve, anduviste, anduvo, anduvimos, anduvisteis, anduvieron

Saber [sup] supe, supiste, supo, supimos, supisteis, supieron

Poner [pus] puse, pusiste, puso, pusimos, pusisteis, pusieron

Poder [pud] pude, pudiste, pudo, pudimos, pudisteis, pudieron

Haber [hub] hube, hubiste, hubo, hubimos, hubisteis, hubieron

B. Verbos con I en común.

Querer   [quis] quise, quisiste, quiso, quisimos, quisisteis, quisieron

Hacer   [hic] hice, hiciste, hizo, hicimos, hicisteis, hicieron

Venir   [vin] vine, viniste, vino, vinimos, vinisteis, vinieron

III. Verbos con J en común.

Decir [dij] dije, dijiste, dijo, dijimos, dijisteis, dijeron

Traer [traj] traje, trajiste, trajo, trajimos, trajisteis, trajeron

Conducir [conduj] conduje, condujiste, condujo, condujimos, condujisteis, condujeron

Otros verbos parecidos son **traducir, producir** y todos los verbos terminados en [ucir]

Observe que en la 1@ y 3@ personas singular las desinencias no se acentúan: cupe, cupo; dije, dijo, hice, hizo.

IV. Verbos con otros cambios.

Dar di, diste, dio, dimos, disteis, dieron

Ir fui, fuiste, fue, fuimos, fuisteis, fueron

Ser fui, fuiste, fue, fuimos, fuisteis, fueron

V. Verbos irregulares en la tercera persona del singular y del plural.

Medir	medí, mediste, midió, medimos, medisteis midieron
Pedir	pedí, pediste, pidió, pedimos, pedisteis, pidieron
Servir	serví, serviste, sirvió, servimos, servisteis, sirvieron
Seguir	seguí, seguiste, siguió, seguimos, seguisteis, siguieron

Otros verbos parecidos son **vestir, mentir** y los derivados de **seguir:** **conseguir, proseguir, perseguir,** etc.

Morir	morí, moriste, murió, morimos, moristeis, murieron
Dormir	dormí, dormiste, durmió, dormimos, dormisteis, durmieron

Cambio de **I** a **Y** en la tercera persona del singular y plural

Creer	creí, creíste, creyó, creímos, creísteis, creyeron
Caer	caí, caíste, cayó, caímos, caísteis, cayeron
Leer	leí, leíste, leyó, leímos, leísteis, leyeron

Excepto: Traer   traje, trajiste, trajo, trajimos, trajisteis, trajeron

Actividades

I. Complete las oraciones siguientes con la forma apropiada del pretérito del verbo entre paréntesis.

1. Ella no _____ (saber) la verdad de la reunión.

2. Rosa me _____ (dar) una bolsa azul muy bonita.

3. ¿Quién _____ (andar) con mi novio?

4. No sé si Juan _____ (traer) al niño temprano.

5. Ayer _____ (traducir) del español al inglés.

6. El Presidente Bush _____ (venir) a California.

7. Tomás y tú _____ (ir) a Hawaii de luna de miel.

8. Julián no _____ (poner) la carta a tiempo.

9. La gata _____ (tener) ocho gatitos.

10. Anteayer _____ (haber) una conferencia en Uruguay.

II. Lea las siguientes oraciones y llene el espacio con la conjugación del pretérito del verbo en paréntesis.

1. Usted no _____ (reducir) las 5 libras que le_____ (pedir) el médico.

2. Yo ayer _____ (saber) que tu abuelita se_____ (morir).

3. Tú no _____ (hacer) la tarea, pero Juan sí la _____ (hacer).

4. Nicanor _____ (decir) que Rosa _____ (oír) el ruido.

5. El año pasado María y yo _____ (traducir) la Biblia.

6. Pablo _____ (ser) un gran hombre gracias a sus esfuerzos.

7. Anoche Petra _____ (leer) porque yo le _____ (rogar).

8. Ellas y yo _____ (venir) tarde antier.

9. Las muchachas _____ (creer) ver al tiburón.

10. Los químicos _____ (inducir) esa reacción.

II. Escriba una oración con cada una de las siguientes formas verbales.

      1. llegué   3. busqué   5. cupimos   7. cupiste

      2. huyó   4. alcancé   6. tradujimos 8. dijeron

III. Reescriba las siguientes oraciones poniéndolas en el pretérito.

1. Tú duermes más de ocho horas.

2. Pico a Josefa con una aguja y ella grita como loca.

3. Traduzco la lección cada vez que puedo.

4. Selecciono y traigo el mandado todos los días.

5. Primero las corto y después huelo el aroma de las rosas.

6. Conozco tus motivos y no me gustan.

7. ¿Usted prefiere tortillas a pan dulce?

8. Dicen que en ese país predomina la injusticia.

9. Yo alzo los juguetes en el ropero y después me rasco la oreja.

10. Nicolás no se preocupa porque sabe que yo quepo bien en el asiento.

IV. Escriba una breve composición diciendo lo que hizo el fin de semana pasado. Escriba más o menos 75 palabras.

El Complemento Directo

El complemento directo es la palabra o frase en que recae directamente la acción del verbo.

Juan trajo **los huevos** la semana pasada.
Pedro consiguió **un empleo**.
Estoy revisando **los boletos del viaje**.
Luis trajo **a sus primas**.

Observe usted que el complemento directo, subrayado arriba, explica qué o quién (huevos, primas) recibe la acción del verbo. Note también que los verbos **traer, conseguir** y **revisar** son transitivos. El complemento del verbo transitivo es necesario para que éste tenga sentido. Si decimos "Juan trajo" falta añadir algo para que la frase tenga sentido.

Actividades

Subraye el complemento directo en las siguientes oraciones.

1. Le apuesto a que Juan tuvo problemas con su jefe.

2. Los niños hicieron su trabajo sin decir una palabra.

3. Ordenamos chocolate y churros hace una hora.

4. ¿Pusiste el mantel nuevo en la mesa vieja?

5. Los jóvenes leyeron el periódico antes de irse.

6. El hombre se rasca la nariz y levanta la vista.

7. El gigante dio tres patadas y tembló la tierra.

8. Hoy vieron la lección séptima.

9. Sirvieron la cena después de las doce.

10. Nicolás pintó la casa.

Pronombres de complemento directo

Español	Inglés
Me	Me
Te	You
Lo	Him, It, You (formal)
La	Her, It, You (formal)
Nos	Us
Os (España)	You (plural, fam.)
Los	You, them
Las	You, them

Posición y uso del pronombre de complemento directo

I. El pronombre de complemento directo se usa en vez del nombre para evitar la repetición de este último.

1.   Después estudio las antiguas civilizaciones.
       Después LAS estudio.

2.   Juan trajo los arbolitos.
       Juan LOS trajo.

3.   Voy a llamar a María mañana.
       Voy a llamarLA mañana.
       LA voy a llamar mañana.

Nota: Cuando el complemento directo nominal precede al complemento directo pronominal es posible repetir el complemento directo. En el ejemplo 2 es posible la construcción: **Los arbolitos, Juan los trajo.**

4.   Estoy contando los ingresos del baile.
       LOS estoy contando.
       Estoy contándolos.

5.   ¿Lo crees? (algo ya entendido)
       No, no LO creo

6.   Haga usted la cuenta.
       HágaLA usted.

Como se puede observar en los ejemplos uno y dos el pronombre de complemento directo DEBE ir antes del verbo conjugado.

En el caso de un infinitivo o de un gerundio después de verbo conjugado, el complemento directo puede ir antes o después de la combinación verbal. Si va después, debe ser parte del infinitivo o gerundio. Ver ejemplos 3, 4. También irá después en los casos de un mandato afirmativo. Ver ejemplo 6. Este uso se verá en las páginas 194-196.

II. Diferencias de posición del pronombre de complemento directo en inglés y español.

1.	Después LAS estudio. I'll study THEM later.	4.	Los estoy contando. Estoy contándoLOS, I am counting THEM.
2.	Juan LOS trajo. Juan brought THEM.	5.	HágaLA usted. You do IT.
3.	LA voy a llamar mañana Voy a llamarLA mañana. I am going to call HER tomorrow.		

> **Recuerde** que en los casos en que el pronombre sigue a la forma verbal, ejemplos 3, 4 y 5, el pronombre es parte del verbo.

III. Es posible que haya una duplicación de los pronombres y nombres.

Me vieron a mí. Lo veo a él.

Nota: Después de preposición el pronombre **me** se convierte en **mí; te** en **ti,** y **se** en **sí.**

Se usa esta construcción para dar énfasis al complemento directo.

Actividades

I. Reescriba las siguientes oraciones sustituyendo el complemento directo subrayado por el pronombre adecuado. Dé todas las opciones posibles.

1. El autobús trajo **a las niñas.**

2. Cristina publicó **un libro** el año pasado.

3. El vecino mandó pintar **su casa** de azul.

4. María Isabel escribe **cartas** todas las noches.

5. Pedro siempre pide **el menú** antes de ordenar.

6. Entró cantando **el himno nacional.**

7. Quiere leer **la novela** pero no puede.

8. Javier está tocando **el saxofón.**

9. Tuvimos que limpiar **las ventanas** el sábado.

10. La tormenta sigue destruyendo **los campos.**

III. Llene el espacio con el pronombre correspondiente a la frase entre paréntesis.

1. Los García _____ vieron ayer. (a mí)

2. El policía _____ detuvo. (a ti)

3. ¿ _____ quieres? (a Juan y a mí)

4. El maestro _____ enseña. (a José y a ella)

5. Estoy seguro que ella _____ invitó. (a él)

6. El sol tropical _____ quemó. (a ella)

7. Diego _____ trajo esta tarde. (a ellas)

8. La directora _____ besó en la mejilla. (a ustedes muchachos)

IV. Conteste las siguientes preguntas de una manera original usando pronombres de complemento directo

Ejemplo: ¿Cuando vienes a visitarnos?
Los voy a visitar el lunes.
o
Voy a visitarlos el lunes.

1. ¿Qué me trajiste?

2. ¿Vio usted a María y a Juana?

3. ¿Cuándo vas a estudiar esa lección?

4. ¿Cuándo van a hacer tamales ellas?

5. ¿Quién los llama a ustedes al ejército?

El Pronombre de complemento indirecto

I. El pronombre de complemento indirecto tiene la siguiente forma.

Español	Inglés
Me	(to, for) Me
Te	(to, for) You
Le	(to, for) Him, Her, You
Nos	(to, for) Us
Os (España)	(to, for) You plural
Les	(to, for) You plural, them

En un sentido el complemento indirecto redondea o complementa el complemento directo ya que indica en quién o en qué termina la acción del verbo.

En la oración "Compro naranjas", "naranjas" es el complemento directo de "Compro". Si añado "Compro naranjas a (para) María", "a (para) María" es el complemento indirecto de "Compro".

El Pronombre de complemento indirecto aparece siempre con el nombre, pronombre, o frase de complemento directo. Se puede usar con verbos transitivos, intransitivos o de estado.

1. Carlos LE dijo LA VERDAD A SU MAMA.
    c. ind.   c. dir.   c. ind.

2. Mario NOS enseñó LAS FOTOS A NOSOTROS.
    c. ind.   c. dir.   c. ind.

3. El sastre LES tomó LAS MEDIDAS A USTEDES
    c. ind.   c.dir.   c. ind.

4. El abogado LE dio 1O MlLLONES A LA UNIVERSIDAD.
    c. ind.   c. dir.   c. ind.

Observe que el nombre o pronombre de complemento indirecto, A SU MAMA, A NOSOTROS, etc., aparece por lo general acompañado del pronombre de complemento indirecto, LE, NOS, etc. Este nombre o pronombre se usa para clarificar o para dar énfasis.

La frase aclaratoria A SU MAMA, etc., se puede omitir, pero el pronombre por lo general no se omite.

Se dice: José le dijo la verdad. (A ella)
El sastre les tomó las medidas. (A ellos)

No se dice: José dijo la verdad a su mamá.
Mario ensenó las fotos a nosotros.

Observe que por lo general el complemento indirecto es una persona. La excepción es el ejemplo 4, "a la universidad".

Il. El pronombre de complemento indirecto viene siempre antes que el pronombre de complemento directo.

En el caso de dos pronombres juntos que comienzan con L (v. gr. LE LA), el primero cambia a SE (SE LA).

José le dijo la verdad.
José SE LA dijo.

Mario nos enseñó las fotos
Mario NOS LAS enseñó.

El sastre les tomó las medidas.
El sastre SE LAS tomó.

Note que "SE" puede referirse a "a él, a ella, a usted, a ustedes, a ellos, a ellas". En estos casos la frase aclaratoria es necesaria.

José se la dijo a su mamá.
El sastre se las tomó a ustedes.

III. Haciendo una recapitulación de lo dicho arriba, podemos decir que la posición de los pronombres de complemento directo e indirecto en la oración es la siguiente.

1. Antes de verbo conjugado.

2. Antes o después de gerundios o infinitivos.

   Excepción: Hay que regresarles el dinero.

   Note que "hay" es un verbo conjugado.

3. Después de mandatos afirmativos.

   ¿La sandía? ¡Llévesela!

Actividades

I. Indique si las palabras subrayadas son complementos directos o indirectos.

1. Mario le tiñó el pelo a Carmen.

2. Si no me das cinco pesos, no te doy tus libros.

3. María Elena le quiere comprar una pelota a su niña.

4. Juanito tiene un lápiz azul.

5. Pedro le regaló unas flores a Enriqueta.

6. La lluvia no mata las flores.

7. Los niños le pusieron la cola al burro.

8. El licenciado Botella pidió una botella de tequila.

9. Agustín le dio un beso a su mamá.

10. El técnico les ayudó a las muchachas.

II. Sustituya el pronombre adecuado al equivalente de la forma entre paréntesis.

Ejemplo: La caminata me da sed. (A Carmelita)
            La caminata le da sed.

1. Anoche me llamó Fernando. (A ella)

2. Esa situación nos inquieta. (A ti)

3. Esteban le escribe una carta. (A nosotros)

4. Prepárame una taza de café, por favor. (A ella)

5. El jardinero te poda las plantas los lunes. (A mí)

6. Estoy limpiándote la casa. (A ellas)

7. Ricardo le tiñe el pelo. (a nosotras)

8. Pedro le dio un beso. (A ti)

9. Por favor tráeme más pan. (A él)

10. Lo que le quiero decir es que no voy. (A ustedes)

III. Conteste las siguientes preguntas según el ejemplo.

Ejemplo: ¿Le pide la dirección? (Usted al policía)
               Sí, se la pido.

1. ¿Te dieron la dirección? (ellas a ti)

2. ¿Le lavaste el coche al gerente? (tú a él)

3. ¿Te sacude los muebles? (Mariquita a ti)

4. ¿Les escribe a sus familiares? (Usted a ellos)

5. ¿Les apagué la luz? (Yo a ustedes)

IV. Llene el espacio con la forma correcta del pronombre de complemento directo o indirecto, según sea necesario.

1. Yo _____ escribo a mis primas.

2. Tú _____ das flores a María.

3. Ustedes no _____ hacen suficientes preguntas a nosotros.

4. Nosotros _____ vimos en apuros a los muchachos. (Tuvieron dificultades)

5. Imelda _____ trae naranjas a la vecina.

6. Nosotros _____ acostamos temprano a Rosita.

7. Juan _____ acuesta temprano a los niños.

8. Nosotros _____ encontramos en el parque. (a ellos).

9. Tú y yo _____ dejamos en el centro. (a ellas)

10. Olga _____ hace la comida. (a su mamá)

11. Nosotros _____ arreglamos la silla. (a Rosa)

12. Manuel _____ conoce desde hace muchos años. (a sus amigos)

13. Mis vecinos _____ llaman todos los días a la doctora.

14. Luis _____ lava el coche al señor Zamarripa.

15. La inactividad _____ ha hecho aumentar de peso a Isabel.

16. La anfitriona _____ sirvió la cena a los invitados.

17. Los vecinos _____ escucharon la canción.

18. Los alumnos _____ prometieron estudiar al profesor.

19. La gente _____ pidió su autógrafo al cantante.

20. No conozco a la mayoría silenciosa, a Elsa sí _____ conozco.

V. Llene el espacio en blanco con la forma apropiada de le o les, según convenga.

1. El maestro _____ pidió la dirección a sus alumnos.

2. Pedro _____ lavó el coche a sus vecinos.

3. ¿Qué regalos _____ darían a Elsa sus padres?

4. Cuando salimos _____ di las gracias a la anfitriona.

5. A los niños _____ pidieron que trajeran papel azul.

VI. Llene el espacio en blanco con la forma apropiada de "los" o "nos", según convenga.

1. A Lulú y a mí _____ sacaron a bailar en la fiesta.

2. ¿A ustedes _____ vieron en el cine?

3. Siempre que vamos a "Disneyland" _____ divertimos.

4. Cuando estamos con los niños de mi tía _____ entretenemos.

5. A los chicos siempre _____ veo en el parque.

Expresiones problemáticas con C, S y Z

Los homófonos.

La S se confunde con la C y con la Z en Hispanoamérica debido a su pronunciación semejante. Las reglas ortográficas que indican cuándo se debe usar una u otra son muchas y la mayoría se basa en el reconocimiento de palabras procedentes de la misma raíz etimológica.

Debido a esto, es más recomendable memorizar qué palabras se escriben con qué letra. Al encontrar una palabra de dudosa ortografía basta relacionarla con otra de la misma raíz o buscarla en el diccionario.

I. Homófonos con S y C.

1. **Bracero** (peón)
   Brasero (para lumbre)

   Se necesitan braceros para cosechar el tomate.
   El pescado al brasero es delicioso.

2. **Ceda** (de ceder)
   Seda (tela)

   Siempre ceda el paso a los peatones.
   Las blusas de seda son caras.

3. **Cegar** (perder la vista)
   Segar (cortar hierba)

   La luz cegó al chofer.
   Pedro segó la hierba.

4. **Ceso** (de cesar)
   Seso (cerebro, prudencia)

   Por lo general no ceso de mi propósito.
   Hay que usar más el seso.

5.   **Cerrar** (clausurar, atrancar)
      Serrar (cortar madera)

      El restaurán cerró a las doce.
      Nacho serró la viga.

6.   **Cien** (100)
      Sien (lado de la frente)

      Pagué cien dólares por ese cuadro.
      Me duele la sien izquierda.

7.   **Cocer** (cocinar; irreg.)
      Coser (remendar; reg.)

      Los vegetales se cuecen al último.
      Laura cose vestidos.

8.   **Enceres** (de encerar)
      Enseres (utensilios)

      Necesito que tú enceres los muebles.
      Los recién casados necesitan enseres.

9.   **Meces** (de mecer)
      Meses (de mes)

      ¿Por qué no meces al niño?
      Estuve en Sudamérica tres meses.

10.   **Peces** (de pez)
      Peses (de pesar)

      En el Caribe hay peces de muchos colores.
      Esta báscula es para que te peses.

Actividades

Llene el espacio con la palabra apropiada.

1. El letrero dice: "_____ el paso." (Seda, Ceda)

2. Es bueno que te _____ todos los días. (peces, peses)

3. Diario _____ los frijoles. (cuezo, coso)

4. El abrigo de piel le costó más de _____ dólares. (cien, sien)

5. Prefiero no _____ con sierra eléctrica. (serrar, cerrar)

6. Ese líder tiene mucho _____. (seso, ceso)

7. El jardinero _____ la hierba. (segó, cegó)

8. ¿Por qué no _____ al niño? (meses, meces)

9. Quiero que _____ el coche. (enceres, enseres)

10. No pongas la carne en el _____ hasta que te diga. (brasero, bracero)

II. Más homófonos y parónimos (palabras que suenan casi igual).

1. **Hacienda** (propiedad)
    Ascienda (de ascender)

    La hacienda de los Galindo es grandísima
    Es recomendable que ascienda la colina.

2. **Abrasar** (quemar)
    Abrazar (de brazos)

    La carne se abrasó pues no la cuidamos.
    Siempre que puedo abrazo a mis hijos.

3. **Has** (de haber)
    As (número uno)
    Haz (de hacer; manojo)

    ¿Has estado en San Juan de Puerto Rico?
    Tengo pókar de ases. Ese jugador es un as.
    Haz la tarea y no pierdas más tu tiempo.

4. **Casa** (vivienda)
    Caza (cacería)

    La casa amarilla es la de mi tía.
    No es temporada de caza.

5. **Ves** (de ver)
   Vez (ocasión, tiempo)

   Tú la ves todos los días.
   Esta vez no viene Tomás.

6. **Mesa** (mueble)
   Meza (de mecer)

   Esta mesa es de madera.
   Meza a ese niño para que se duerma.

7. **Lección** (de enseñar)
   Lesión (herida, lastimadura)

   La maestra explicó la lección muy bien.
   Todavía no se me cura la lesión que recibí.

8. **Racionar** (limitar)
   Razonar (de razón)

   Se ha hablado de racionar el agua.
   Eso se puede razonar, si se saben los parámetros.

9. **Caso** (de casar; suceso)
   Cazo (de cazar; traste)

   El abogado aceptó defender el caso.
   Hierve la leche en el cazo grande.

10. **Tasa** (impuesto; medida)
    Taza (recipiente para un líquido)

    Eliminar las tasas de importación es un primer paso.
    ¿Quiere su sopa en taza o en tazón?

Actividades

Escriba una oración con cada una de las siguientes palabras.

1. meza   8. caso

2. racionar   9. haz

3. abrasar	10. ves
4. as	11. caza
5. cazo	12. lesión
6. tasa	13. taza
7. has	14. meza

Interferencias del inglés.

I. Algunas palabras agregan una C en inglés. Escriba el equivalente en español de las siguientes palabras.

1. punctual   4. subject
2. accent   5. subjunctive
3. adjective   6. respect

II. Varias palabras que se escriben con **ca** o **co** en español cambian a **ch** en inglés. Escriba el equivalente en inglés de las siguientes palabras.

1. mecánico   5. característica
2. carácter   6. cloro
3. colesterol   7. mecanismo
4. caos   8. moca

III. La S doble no existe en español. Escriba el equivalente en español de las siguientes palabras.

1. possible   6. possibility
2. passion   7. essence
3. professor   8. mission
4. possession   9. association
5. essence   10. expression

IV. Los cognados ingleses con la grafía [sc] frecuentemente pierden la c cuando pasan al español. Dé el equivalente español de las siguientes voces inglesas: conscience, science, scent

Algunas, como adolescencia, escena, y convalescencia lo mantienen.

IV. La **S** seguida de consonante no puede empezar una sílaba o una palabra en español. Siempre se le antepone una **E**. Dé el equivalente en español de las siguientes palabras.

1. spouse
2. star
3. snob
4. speculate

5. spiral
6. special
7. space
8. Spanish

V. Hay una serie de palabras que se escriben con **C** en español y con **Q** en inglés. Escriba el equivalente en español de las siguientes palabras.

1. quadrangular
2. question
3. frequence

4. quality
5. consequence
6. quarantine

VI. Otro grupo de palabras se escribe con **que** o **qui** en español y con **che** o **chi** en inglés. Dé el equivalente español de las siguientes palabras.

1. chemistry
2. orchestra
3. cherubic

4. chimera
5. chiropractic
6. alchemy

VII. Hay palabras que se escriben con **que** y **qui** en ambas lenguas.

1. quieto, quedo
2. quinina
3. quíntuple

quiet
quinine
quintuplet

VIII. La **C** en español se dobla algunas veces en el inglés. Dé el equivalente español de las siguientes palabras.

1. to accompany
2. occasion
3. accord
4. occult

5. to accept
6. accumulate
7. acclaim
8. occurrence

IX. Unas cuantas palabras se escriben con **C** en español y con **Z** en inglés. Dé el equivalente español de las siguientes palabras.

1. zebra
2. zinc

3. zero
4. New Zealand

Actividades

I. Escriba una oración utilizando cada una de las siguientes palabras.

1. especial
2. frecuencia
3. cuestión
4. química
5. cantidad
6. cebra
7. consciente
8. ocasión
9. pasión
10. esencia

II. Lea en voz alta las siguientes oraciones y escriba el equivalente español de la palabra en paréntesis.

1. El accidente _____ (occurred) ayer.

2. Los _____ (archaeologists) mexicanos descubrieron una nueva cultura.

3. El _____ (chorus) cantó el Ave María.

4. Hay que llenar el _____ (questionnaire)

El español en los Estados Unidos

El español fue sin duda la primera lengua europea hablada en los Estados Unidos. Los exploradores españoles de los siglos XVI y XVII incursionaron por tierras pertenecientes hoy día al sur y al suroeste de los Estados Unidos. El explorador Coronado, por ejemplo, llegó al estado de Kansas en 1540. Los españoles dejaron huella de su paso en la construcción de monasterios, iglesias y fortalezas militares. Implantaron también su cultura, religión y lengua.

La Florida pasó a su soberanía gracias a un tratado con España en 1821. Después de una guerra y de un tratado, adquirieron de México: Texas, Nuevo México, Arizona, California y partes de Colorado y Utah. En todos estos territorios se hablaba, a más de los dialectos indios locales, el español. A pesar que el inglés pronto estableció su hegemonía en las nuevas tierras, el español se siguió hablando. Los pioneros españoles, criollos y mestizos, conservaron también su religión y sus costumbres.

Este grupo inicial de hispanohablantes fue incrementado a principios del siglo XX por la inmigración debido a la Revolución Mexicana y a la anexión de Puerto Rico. A partir de 1959, los cubanos han sido el influjo hispánico más grande en los Estados Unidos. Grandes números de refugiados políticos centroamericanos han llegado últimamente a los Estados Unidos. Importante es también la inmigración de hispanohablantes procedentes de muchos otros países. Varios estudios aseguran que los hispanos serán la minoría más numerosa en los Estados Unidos para el año 2000.

Además de una cadena nacional de televisión, UNIVISION, hay innumerables estaciones locales de radio y de televisión. En las grandes ciudades como New York, Miami o Los Angeles hay diarios en español. También se publican importantes revistas en español como *Cosmopolitan*, *Vanidades*, *Américas*, *Geomundo* , y "Reader's Digest".

El español ha crecido tanto en nuestro país en los últimos años, que se ha convertido en la segunda lengua. Casi todas las secundarias, públicas o privadas, ofrecen cursos de español. No es sorprendente ya escuchar el español en cualquier parte del país en labios de cualquier grupo social o étnico.

Actividades

I. Escoja la palabra o frase de la columna derecha que mejor explique la palabra o frase de la izquierda.

1. a partir de	a. influencia
2. siguió	b. al comenzar
3. también	c. con claridad
4. a principios	ch. continuó
5. inmigración	d. sin número, incontables
6. influjo	e. periódico
7. innumerables	f. desde
8. diario	g. una mayoría
9. revista	h. igualmente
10. casi todas	i. "magazine" "magazín"
	j. llegar a un país para vivir en él

II Escriba una oración con cada una de las siguientes palabras y expresiones.

1 a partir de
2 diario
3. influjo
4. a principios de
5. casi todas

III. Escriba una composicion de aproximadamente 100 palabras sobre cómo y dónde aprendió español y sobre cuánto lo usa en la actualidad.

Repaso capítulos IV, V, VI

I. Escriba usted el pronombre personal adecuado a cada una de las siguientes conjugaciones. Dé todas las posibilidades.

1. _____ satisface
2. _____ sientes
3. _____ consigue
4. _____ dirijo
5. _____ vinimos

6. _____ tradujo
7. _____ huyen
8. _____ quepo
9. _____ supo
10. _____ practica

II. Escriba usted el presente de las siguientes formas verbales.

1. quise
2. anduviste
3. jugaron
4. pedí
5. comencé

6. oliste
7. mintieron
8. tuvimos
9. traje
10. cocí

III. Reescriba las siguientes oraciones haciendo todas las correcciones necesarias. (ortografía, acentuación, etc.)

1. Miguel está siendo la tarea.

2. Hay ay dos cervezas para ti.

3. Pepe habria la puerta cuando llego Juan.

4. Ignacio y Víctor estuvieron halla ayer.

5. Ella y yo venimos ayer haber.

6. Antes de jugando no puedes comer.

7. Ejercitando es bueno para bajar de peso.

8. Sin trabajando no puede a ver harmonia.

9. Estudiando mucho aumenta nuestra abilidad.

10. Yo nunca escogo propuestas hallucinantes.

IV. Escriba una oración utilizando cada una de las siguientes palabras.

1. vello   6. cierra

2. yendo   7. bracero

3. botando   8. abrasa

4. hierba   9. colgué

5. tuvo   10. sustituyo

V. Reescriba las siguientes oraciones sustituyendo el nombre de complemento directo por el pronombre de complemento directo.

1. Magdalena me da las buenas noticias.

2. El lechero nos trae los quesos.

3. El maestro da la tarea.

4. Siempre sueño a los malos árbitros.

5. Quiero oír la mejor canción del año.

VI. Conteste las siguientes preguntas de una manera original siguiendo el ejemplo.

Ejemplo: ¿Quién le limpia la casa?
                Rosa me la limpia.

1. ¿Quién les pinta la casa a ustedes?

2. ¿Quién te arregla las uñas?

3. ¿Quién nos hace las empanadas argentinas?

4. ¿Quién me corta el pelo?

5. ¿Quién le presta dinero a Jaime?

VII. Cambie las siguientes oraciones al pretérito.

1. Las muchachas no quieren bailar y tú no quieres tomar.

2. Me distraigo con el vuelo de una mosca.

3. El cura bendice a sus feligreses y les pide sus oraciones

4. El anda muy rápido porque tiene prisa.

5. El maestro dice que mastico chicle en clase.

Repaso general de acentos

I. Subraye la sílaba tónica y ponga acento cuando sea necesario.

1. momentaneo	14. nitroglicerina	27. maulla
2. Alcazar	15. venereas	28. maletin
3. caida	16. heroes	29. azucar
4. Bermudez	17. delantal	30. conyuge
5. lagrima	18. aulla	31. imbecil
6. graduo	19. esteril	32. tacon
7. hidrogeno	20. onix	33. ulcera
8. carcel	21. esparragos	34. pelicula
9. El llego	22. Anibal	35. valvula
10. creido	23. cojin	36. linea
11. quimica	24. facil	37. loteria
12. Jerusalen	25. bicep	38. caido
13. danoslo	26. tunel	39. platanos

CAPITULO VII

El Imperfecto

Verbos Regulares

Casi todos los verbos del imperfecto son regulares. Su forma sigue el siguiente patrón.

Recordar	Traer	Venir
recordaba	traía	venía
recordabas	traías	venías
recordaba	traía	venía
recordábamos	traíamos	veníamos
recordabais	traíais	veníais
recordaban	traían	venían

OBSERVE que lo único que cambia es la terminación, no la raíz del verbo. Los cambios para casi todos los verbos terminados en [ar], [er], [ir] son los mismos que para los verbos arriba citados.

Verbos Irregulares

Hay sólo tres verbos irregulares en el imperfecto:

Ir	iba	ibas	iba	íbamos	ibais	iban
Ser	era	eras	era	éramos	erais	eran
Ver	veía	veías	veía	veíamos	veíais	veían

Usos del imperfecto

El imperfecto es para el pasado lo que el presente es para el tiempo actual. Ambos expresan una acción en su desarrollo. Si el pretérito narra una acción en el pasado, el imperfecto describe una acción en el momento de suceder. Da un cuadro vivo de lo que solía pasar en el pasado.

Cuando **vivía** en Madrid, **iba** todos los días al Museo del Prado. Me **gustaba** admirar los cuadros de El Greco. Por la tarde **paseaba** por el parque El Retiro y en la noche **iba** a un tablao flamenco.

I. El imperfecto se emplea a menudo para designar una acción repetida, o una serie de acciones iguales. Por esto se usa para la expresión de hábitos y costumbres.

En la adolescencia **estaba** loca por los muchachos.
When I was a teenager, boys **would drive** me crazy.

El año pasado **iba** al cine todos los días.
Last year I **used to go** (**would go**) to the movies everyday.

Sin embargo: El año pasado **fui** al cine todos los días.
Last year I went to the movies every day.

Ambas expresiones "iba al cine" y "fui al cine" denotan una acción repetida varias veces en el pasado. La diferencia está en que en el primer caso se da énfasis al carácter repetitivo de la acción. En el segundo se ve la acción como algo terminado.

II. Se usa para indicar una acción en progreso al ser interrumpida por otra.

Sonó el teléfono mientras **comíamos** (**estábamos comiendo**)
The phone rang while we **were eating.**

III. El imperfecto describe la apariencia física o moral de algo o de alguien en un pasado indeterminado.

La casa era pequeña pero cómoda.
Mi reloj de pulsera era negro.
Juan Pablo era muy caritativo.

Pero: Estuvo muy amable. (En esta ocasión)
             Todos fuimos jóvenes. (En un tiempo)

Aunque se trata de un pasado indeterminado en el segundo caso, **Todos fuimos jóvenes**, se sugiere que ese pasado ya ha terminado: ya no somos jóvenes. El pretérito da un pasado concluido; el imperfecto un pasado en acción.

IV. Se usa el imperfecto para expresar la hora en un tiempo pasado.

Eran las tres cuando llegó el tren.
¿Qué hora era cuando llegaste anoche?

Excepciones en la expresión de la hora del día en el pasado.

El tren llegó a las tres.   (Narra un evento)
El tren llegaba a las tres.   (Describe lo que pasaba)

De repente fueron las tres.   (Sugiere un percatarse de la hora)
Eran las tres.   (Describe la hora del día)

V. Algunos verbos cambian su significado al usarse en el pretérito o en el imperfecto,

1. **Saber**   ¿Sabías que Marta es novia de Julio?
             Did you know that Marta is Julio's girlfriend?

             ¿Supiste que Marta es novia de Julio?
             Did you find out that Marta is Julio's girlfriend?

2. **Conocer**   Conocíamos a los Martínez.
             We knew the Martinez'.

             Conocimos a los Martínez.
             We met the Martinez'.

3. **Querer**   Yo quería ver esa película.
             I wanted to see that picture.

             Yo quise ver esa película
             I wanted to (I tried to) see that picture.
             No quise ir.
             I refused to go.

4. **Tener**   Tuvieron que estudiar hasta las doce.
             They had to study until twelve. (and did)

             Tenían que estudiar hasta las doce.
              They had to (they were supposed to) study until twelve.

5. **Poder**   Pudimos convencer al presidente.
             We were able (we tried and did) convince the President.

             Podíamos convencer al presidente.
             He could have (we usually could convince) the President.

Actividades

I. Llene el espacio en blanco con la forma correcta del imperfecto del verbo entre paréntesis,

1. Cuando _____ (ser) joven, mi padre _____ (tener) mucho dinero.

2. Yo me _____ (preocupar) de todo antes.

3. María _____ (cantar) mientras Amelia _____ (tocar).

4. Hace dos años _____ (llover) todos los días.

5. _____ (hacer) tres años que yo no la _____ (ver).

6. Nosotros _____ (ir) todos los días al cine.

7. Antes se _____ (lavar) la ropa a mano.

8. Hace doscientos años no _____ (haber) electricidad.

9. Aunque tú lo _____ (ver) todos los días, no lo _____ (conocer).

I0. Antes que hubiera refrigeración, las flores se _____ (marchitar) pronto.

II. Escriba una oración con cada una de las siguientes formas verbales.

1. marchábamos

2. supieron

3. murmuraba

4. reía

5. podías

6. pedían

7. nos acostábamos

8. eran

9. te enojabas

III. Lea el siguiente artículo y llene el espacio con la forma correcta del imperfecto o pretérito del infinitivo entre paréntesis.

Erase una vez una niña que _____ (vivir) campo adentro; hija única de un médico rural. Debido a la profesión del padre, _____ (cambiar) con frecuencia de casa y de lugar. Y debido también a ser hija única, su compañera era la soledad . . . no _____ (tener) amigos ni parientes a su alrededor. Y su compañía y su refugio _____ (ser) los libros. Leyendo mucho, aprendió a escribir y con sus primeros cuentos cortos _____ (decidir) que _____ (deber) irse a la ciudad para estudiar una carrera tan digna como la de su padre. Pero en vez de Medicina _____ (decidir) estudiar Filosofía y Letras, para estar más cerca de todo lo que _____ (haber) leído en tantísimos libros. Y un día, aquella niña que _____ (ser) muy tímida se_____ (encontrar) con un importante diploma debajo del brazo, ¡pero sin saber qué hacer con él! Y _____ (decidir) tomar parte en un concurso literario, en el que _____ (ganar) el primer premio con uno de sus románticos y profundamente humanos cuentos cortos.

Aquella niñita se _____ (llamar) Delia Fiallo. Y aquellos _____ (ser) los primeros capítulos de la novela de su vida . . . Treinta y cinco años después, sería la escritora más popular de Latinoamérica, gracias a dos telenovelas "Leonela" y "Topacio".

Cuando Delia Fiallo _____ (llegar) a Estados Unidos exiliada de Cuba, lo primero que _____ (hacer) fue intentar trasladarse a Venezuela. La televisión de Caracas le _____ (haber) dado una buena oportunidad; pero la mudada fue imposible porque en aquellos momentos no _____ (haber) cupo para extranjeros y tuvo que quedarse viviendo en Miami. Así _____ (empezar) la odisea de escribir en la distancia--dice riéndose--A lo cual al fin nos hemos acostumbrado a realizar sin problemas, la televisión caraqueña y yo.

(Vanidades)

Los pronombres reflexivos

Español	Inglés
Me	Myself
Te	Yourself
Se	Yourself, Himself, Herself, Itself
Nos	Ourselves
Os	Yourselves (fam.)
Se	Yourselves, Themselves (masculine and femenine)

Los verbos reflexivos son aquellos en los que el sujeto, el que hace la acción, es el recipiente de la misma. Se conjugan con los pronombres reflexivos.

El hombre se lava las manos.
Nos bañamos todos los días.

"El hombre" y "nosotros" son los sujetos de las oraciones anteriores. Son también los que reciben la acción del verbo. El sujeto y el objeto del verbo designan a la misma persona: El hombre (sujeto), se (objeto directo); Nos (sujeto y objeto directo).

Los verbos de construcción reflexiva

I. Los verbos de construcción reflexiva son muchos. Compare los siguientes pares de oraciones para darse una idea de su uso.

Verbo Normal	Verbo de Construcción Reflexiva
Escondo las joyas.	Me escondo.
Baño al perro.	Me baño.
Lava el coche.	Se lava la cara.

Como se puede ver en los verbos de la derecha, el que recibe la acción es el mismo que la origina. El que recibe la acción en la columna izquierda es el complemento directo (joyas, perro, coche)

II. Algunos verbos alteran su significado cuando se usan en una construcción reflexiva

El avión partió a las dos.	El avión se partió.
The plane left at two.	The plane broke.
Tere fue a la tienda.	Tere se fue enojada.
Tere went to the store.	Tere left angry.
El policía paró el tráfico.	El policía se paró tarde.
The policeman stopped traffic.	The policeman got up late.
Siento que no hayas pasado.	Me siento mal.
I'm sorry you didn't pass.	I feel ill.

OTROS verbos semejantes son: **levantar** (to lift); **levantarse** (to get up); **parecer** (to seem); **parecerse** (to look like); **divertir** (to entertain); **divertirse** (to have fun).

Los verbos pronominales

Los verbos pronominales son los que pueden ser conjugados con el pronombre reflexivo. Estos incluyen a un gran número de verbos, incluyendo los ya vistos.

1. Pronominales recíprocos

En estos verbos el sujeto está formado por un mínimo de dos personas, cada una de las cuales recibe la acción ejecutada por la otra.

> Concha y yo nos escribimos.
> Juan y yo nos tuteamos.
> Adela y Pedro se pelean siempre.

3. Pronominales puros

En estos verbos el Pronombre "reflexivo" no representa la función de objeto directo, pero debe usarse en la conjugación.

> Se desmayó cuando lo vio. ¿Te acuerdas? Nos atrevemos a ir.

Actividades

I. Escriba una oración con las siguientes formas verbales.

1. me arrepiento   3. te atreves

2. se quejó   4. nos peleamos

II. Llene el espacio con la forma correcta del presente del verbo entre paréntesis.

1. Las muchachas no _____ (acostarse) temprano.

2. Si _____ (tomarse) dos aspirinas, se me quita el dolor.

3. Lourdes _____ (peinar) a su hermanita.

4. Ricardito _____ (ensuciarse) cuando juega con lodo.

5. ¿Tú no _____ (sentirse) mejor?

6. ¿A qué hora ella _____ (levantarse).

7. Yo nunca _____ (cepillarse) con Colgate.

8. Nosotros _____ (lavar) el coche.

9. La maestra _____ (sentar) a los niños a la mesa.

I0 Cuando les da comezón, ellas _____ (rascarse).

El acento diacrítico

El acento diacrítico se usa para distinguir palabras que tienen la misma representación fónica pero significado distinto.

1. **tú** (pronombre) you   2. **sólo** (adverbio) only
    tu (adjetivo) your   **solo** (adjetivo) alone

2. él (pronombre) he
    el (artículo) the

3. mí (pronombre) me
    mi (adjetivo) my

4. más (adverbio) more
    mas (conj. adv.) but

5. aún (adverbio) still, yet
    aun (conj.) even

7. té (sustantivo) tea
    te (pronombre) you, yourself

8. sí (adv. afirm.) yes
    sí (pron. himself)
    si (conj.) if

9. sé (saber, ser) to know, be
    se (pron. rfl., pers.) to you

10. dé (verbo) give
    de (prep) of

Observe que las palabras anteriores tienen significado y función diferente. Debido a esto surge la necesidad de distinguirlas por escrito de esta forma.

Los monosílabos en español no se acentúan, excepto en los casos arriba citados.

No se acentúan: fue, fui, fin, di, dio, vi, vio, ti, te, etc.

Ejemplos

1. ¿Tú no sabes que tu saco le queda grande?

2. ¿Viste que él le dio el reloj a su primo?

3. No traiga más leche para mí. Llénele el vaso a mi hijo.

4. Pedí más azúcar mas me tomaré mi café solo.

5. ¿Trabajas aún? Sí, todos trabajamos aun los niños.

6. Sólo me dieron cinco dólares, por eso vine solo.

7. Aunque sé que quieres té, no te lo voy a dar.

8. Si me dices que sí, te compro un helado.

9. Se lo guardó para sí mismo.

10. Sé que se le declaró Pedro. No lo niegues.

Nota: No todas las palabras que tienen más de un significado se acentúan para diferenciarlas.

vino (wine)	vino (he came)
son (they are)	son (a melody)

El contexto es el que se encarga de diferenciarlas.

Actividades

I. Ponga el acento donde es necesario.

1. Tu papa te castigo innecesariamente

2. ¿Solo conseguiste eso?

3. No trabajo mas aunque se que me morire de hambre.

4. Me reprobaron mas yo no estudie.

5. Mi tia me dio a mi cinco pesos ayer

6. Dicen que el te de tilo es bueno para los nervios. Yo no se.

7. Se cayo Margarita y se rompió el tobillo.

8. ¿Aun no haces tu tarea? ¡Qué floja eres!

9. Mi hija quiere que le de mas dinero.

I0. El vino anoche y trajo vino.

II. Escriba una oración ulilizando correctamente cada una de las siguientes palabras.

1. se	3. más	5. de	7. aún	9. el
2. solo	4. él	6. sí	8. sé	10. aun

III. Ponga acento en las siguientes frases y expresiones si hace falta.

1. Por favor, muestreme aquella silla que esta alla.

2. Estan tocando la melodia que a mi me gusta.

3. Te aseguro que si, que todas mis materias son dificiles, aun el español.

4. Adela dijo que si iba, pero que tenia que ir Raul tambien.

5. Andres se cayo y se lastimo el callo.

6. Anteanoche cenamos en el Pelicano Gastronomico.

7. Pasamos el Año Nuevo bailando en el club El Coyote Flaco de Mazatlan.

8. Ese perro aulla por las noches y ladra por los dias.

9. Es saludable que tú esquies en el invierno.

10. Joaquin Jimenez poseia un plan diabolico.

11. ¿Aun estas en el Golfo Persico?

12. Cazaron cuatrocientos veintiun pajaros.

13. Esos jovenes sufren de personalidad multiple.

14. ¿Tienes ahi tus herramientas? ¡Prestamelas!

15. Los monosilabos no se acentuan con excepcion de unos cuantos.

16. ¿La tarea? ¡Sabia que tenia que hacerla!

17. No habia lugar mas pacifico que la playa.

18. Ya nos ibamos a dormir cuando oimos el ruido.

19. Estoy contento de haber visto Moscu, pero mas aun de ver tu rostro cerca de mi.

20. Por no haber hecho tu trabajo, no vas a ver la pelicula; debiste haber terminado tus quehaceres primero.

La Comunicación escrita

Frecuentemente es necesario comunicarse por escrito con alguien. Las formas de saludo y despedida que abren y cierran, respectivamente, una carta, son algo diferentes en inglés y en español.

Aunque no son fórmulas a las que hay que adherirse estrictamente, las siguientes son formas aceptadas y usadas comúnmente en el mundo hispánico

I. La carta personal.

A. Formal

Fecha: 12 de diciembre de 19...

Cabeza: Sra. Margarita Pérez Saldaña
Directora, Escuela Simón Bolívar
Paseo de las Encinas 45
Río Piedras, Puerto Rico

Saludo: Estimada Sra. Pérez Saldaña:
Muy estimada Sra. Pérez Saldaña:

Texto: Adjunto encontrará usted la copia de mi Curriculum Vitae que me pidió le enviase. Como le dije en Nueva York, tengo un gran interés en regresar a Puerto Rico. Además de ser mi país natal, me siento llamada a hacer algo por la educación de sus niños.

      Esperando que el recibo de la presente confirme su interés inicial en mi persona y en espera también de noticias suyas.

Despedida: Le saluda atentamente,

                               Haydee Santos Ruiz
457 E. 5th. Ave.
New York, N.Y. 10111

B. Familiar o Intima

Fecha: 12 de abril de 19...

Cabeza:	Señorita Maritza del Valle
(Optativo)	Boulevard Libertadores 823
	Guatemala, Guatemala
	Centro América

Saludo: Querida Maritza:
            Muy querida Maritza:
            Maritza:

Texto: Espero que al recibir la presente ya hayas resuelto
tu problema en la escuela y te encuentres bien en todo.

Me decías en tu última carta que piensas venir a
Los Angeles para Navidad. Si así fuera, ¿me podrías traer
unas cositas?

Mira, me hacen falta té de tilo, jabón de coco y una
buena jalea de guayaba. Yo te pago todo cuando vengas.

Todos estamos bien por acá. Tu abuelita te manda
muchos saludos y besos te esperamos con los brazos abiertos.

Despedida: Tu abuelito latoso,
                                    Saludos,
                                    Cariños,
                                    Abrazos,
                                    Besos,

II. La nota personal

A. Felicitación

Fecha: 2 de enero de 19...

Cabeza:	Profesor Octavio Costa
(Optativo)	Ceibas 45
	México, D. F.
	06020 México

Saludo:	(Muy) estimado colega:
	(Muy) querido colega:
Texto:	Felicidades en su reciente nombramiento a la Academia de la Lengua.

Es de gran satisfacción personal para mí este nuevo y bien merecido triunfo de usted.

Despedida:	¡Enhorabuena!

Martín Campos
Director
Universidad del Pacífico

B. Invitación

A. Formal

Fecha:	3 de septiembre de 19...
Cabeza:	Señor José Luis Manzo Valenzuela
	Calle 5, N. 234
	Santo Domingo
	República Dominicana
Texto:	El Club de Leones de Santa María se complace en invitar a usted y a su apreciable familia a la cena-baile que tendrá lugar el sábado 24 del presente en los salones de este mismo club.

La cena se servirá a las 8 de la noche y el baile será amenizado por la conocida orquesta "Los Osos Verdes" hasta las dos de la mañana.

El donativo es de $150.00 por persona y los fondos recabados serán designados al asilo Cristóbal Colon.

Despedida:	Sin otra noticia per el momento, le saluda atentamente,

Víctor Saldívar
Presidente

B. Familiar

Fecha: 15 de septiembre de 19...
Cabeza: (Optativo)

Saludo: Queridos Jorge y Estela:
              Estimados Jorge y Estela:

Texto: El domingo 3 de octubre a las 9:00 PM vamos a
              celebrar el cumpleaños de Alberto con una cena a la cual están
              invitados.

                  Habrá cocteles desde las ocho y no se aceptan
              excusas. Los esperamos el tres,

                                               Manuel y Mayra

C. Nota o carta a alguien impreciso.

Fecha: 6 de agosto de 19...

Cabeza: A quien corresponda:
              A quien pueda interesar:

Texto: Polito Rodríguez, mi hijo, estuvo ausente ayer
              debido a una gripe que le tuvo en cama todo el día. Por favor
              disculpen su ausencia y permítanle rehacer cualquier examen o
              trabajo que haya perdido el día de ayer.

                                    Gracias,

                                    Sra. Luisa G. Rodríguez

D. Pésame

Fecha: 21 de abril de 19...

Cabeza: (Optativo)

Saludo: Estimado (a) . . .
              Querido (a) . . .

(**Pésame**, continúa)

Texto: Nos hemos enterado apenas del fallecimiento
de su mamá. Compartimos con usted (es) el dolor de esta gran
pérdida y le rogamos a Dios per el eterno descanso de su alma.

Despedida: Cariñosamente,
        Afectuosamente,

        Mariajosé Pelayo

III. La carta profesional

Fecha: 19 de marzo de 19...

Cabeza :   Señor Alfredo Gómez, Director
       Biblioteca Central
       San José, Costa Rica

Saludo: Estimado Sr. Gómez:

    Con esta fecha he enviado a la Srita. Marcela López
una carta, reiterando otra anterior de hace más de un mes, de
la cual no he tenido respuesta.

    He hecho esto porque, ya que han pasado exactamente
cinco semanas sin tener siquiera acuse de recibo, temo que mi
carta anterior, con el recibo anexo, se haya perdido.

    He querido escribir a usted para rogarle me diga si
mis cartas han sido recibidas o es que he cometido algún error
en los envíos

    Aprovecho esta oportunidad para volver a saludarlo.

    Reciba mis atentos y cordiales saludos,

    José Pérez Jiménez

Actividades

I. Escriba una carta a un familiar solicitando un favor. (Mínimo 60 palabras)

II. Escriba una carta a un(a) amigo(a) felicitándolo(a) por su graduación. (Mínimo 4O palabras)

III. Lea el anuncio que aparece abajo y escriba una carta solicitando más información.

SERVICIO DE CONTROL DE PLAGAS

SERVI-ROMEX, S.A.
Calzada Legaria 78; México 18, D.F.

PROMOCION

Servicio de fumigación realizado por nuestro departamento de servicio técnico en la residencia o local de su propiedad

de 1 a 300 Metros Cuadrados

Ratas y ratones	$4,945.00
Cucarachas	$4,945.00
Rata, ratón y cucarachas.	$8,395.00

Tels. 396-59-40 y 373-14-75 IVA INCLUIDO

Nota: IVA se refiere a las siglas de "Impuesto sobre el valor agregado". Esto es equivalente al "Sales Tax" de los Estados Unidos.

¿Sabía usted que . . .?

La ciudad de Liberal, Kansas se llama a sí misma "La tierra de Coronado" porque don Francisco Vázquez de Coronado pasó por allí en junio de 1541.

La ciudad norteamericana más antigua es San Agustín en La Florida. Fue fundada oficialmente en 1565 por el capitán Pedro Menéndez.

La región que ocupa hoy el centro de la antigua civilización maya incluye la Península de Yucatán y una gran parte de Guatemala. En esta pequeña área había más ciudades que en el antiguo Egipto. Los mayas han ocupado este sitio por más de tres mil años. En el Mar Caribe que baña las costas de esta región se halla el arrecife de coral más extenso del Continente Americano.

Por más de 250 años, aproximadamente de 1565 a 1810, España se comunicó con el oriente por medio del Galeón de Manila que cada año hacía el viaje redondo de Acapulco a Manila.

En las ciudades norteamericanas donde hay un gran número de hispanos las compañías telefónicas publican guías o directorios telefónicos en español. Les llaman "Las páginas amarillas de . . ."

CAPITULO VIII

El futuro

Verbos regulares

Los verbos regulares del futuro se conjugan según el siguiente patrón.

Jugar   jugaré jugarás jugará jugaremos jugaréis jugarán

Traer   traeré traerás traerá traeremos traeréis traerán

Sentir   sentiré sentirás sentirá sentiremos sentiréis sentirán

Observe que los cambios ocurren sólo en las terminaciones.

I. El futuro se usa para indicar una acción que va a suceder después del habla.

> Mañana comeremos en casa de tía Catalina.

Note que frecuentemente se sustituye la construcción ir a + infinitivo en vez del futuro.

> Mañana vamos a comer en casa de tía Catalina.

II. Se usa también para indicar probabilidad en el presente.

> ¿Dónde andará Pepita?   Where could Pepita be?
> Andará con Pablo.   She must be (she is probably) with Pablo.

III. Se usa además como sustituto del modo imperativo (mandatos).

> Haz la tarea antes de salir.   (mandato)
> Harás la tarea antes de salir. (Futuro)

Actividades

I. Llene el espacio con la forma correcta del futuro del verbo en paréntesis.

1. Mañana yo _____ (rezar) por ti para que te vaya bien.

2. Estoy seguro que en la fiesta ustedes _____ (beber) y _____ (comer).

3. ¿Nosotros _____ (viajar) a México en la primavera?

4. ¿Dónde _____ (estar) las muchachas?

5. ¿Qué hora _____ (ser)?

6. En vez de cerveza yo _____ (pedir) un jugo de naranja.

7. Gema _____ (recordar) estos días.

8. Mañana ustedes _____ (llegar) más temprano.

9. ¿Tú _____ (pedir) que te acompañen los mariachis?

10. El _____ (manejar) hacia la ciudad en la noche.

Verbos irregulares.

Estos verbos son pocos y sus conjugaciones deben memorizarse.

I. Verbos que pierden la E o la I, e intercalan una D en la raíz

Salir   saldré saldrás saldrá saldremos saldréis saldrán
Venir   vendré vendrás vendré vendremos vendréis vendrán
Tener   tendré tendrás tendrá tendremos tendréis tendrán
Valer   valdré valdrás valdrá valdremos valdréis valdrán
Poner   pondré pondrás pondrá pondremos pondréis pondrán

II. Verbos que pierden una sílaba o una E.

Hacer   haré harás hará haremos haréis harán
Saber   sabré sabrás sabrá sabremos sabréis sabrán
Poder   podré podrás podrá podremos podréis podrán
Haber   habré habrás habrá habremos habréis habrán
Caber   cabré cabrás cabrá cabremos cabréis cabrán
Querer   querré querrás querrá querremos querréis querrán

III. Verbos con cambios en la raíz.

Decir   diré dirás dirá diremos diréis dirán

Actividades

I. Llene el espacio con la forma correcta del futuro del verbo entre paréntesis.

1. De seguro que los tomates no _____ (valer) más mañana.

2. ¿Qué te _____ (poner) yo en la mesa?

3. ¿Tú _____ (venir) más temprano?

4. Rosa _____ (hacer) la comida en la tarde.

5. Cuando vea a Rosaura, yo _____ (saber) la verdad.

6. Nosotros _____ (salir) por Nueva York.

7. Te aseguro que yo _____ (hacer) lo que tengo que hacer.

8. Ustedes _____ (tener) más dinero el año que entra.

9. ¿_____ (caber) todos en esa miniatura?

10. Yo _____ (querer) que me sirvan más cerveza.

II. Escriba una oración con cada una de las siguientes palabras.

1. tocaremos

2. sabremos

3. querrán

4. podré

5. cabrás

6. harás

7. traeré

8. te graduarás

9. pondrán

10. diré

11. tendrá

12. negociaré

III. Escriba una carta a su amigo(a) preferido(a) diciéndole todo lo que hará en sus próximas vacaciones. Escriba aproximadamente 100 palabras usando el tiempo futuro lo más que pueda.

Numerales

Los numerales cardinales

0	cero	8	ocho
1	uno	9	nueve
2	dos	10	diez
3	tres	11	once
4	cuatro	12	doce
5	cinco	13	trece
6	seis	14	catorce
7	siete	15	quince

Nota: El numeral uno se convierte en **un** antes de un nombre singular masculino y en **una** antes de un nombre singular femenino.

Un muchacho   Una muchacha

Los numerales del 16 al 29 se escriben por lo regular como una sola palabra. Sin embargo en algunas partes aún se usa la forma fragmentada de tres palabras

16	dieciséis (diez y seis)	23	veintitrés (veinte y tres)
17	diecisiete	24	veinticuatro
18	dieciocho	25	veinticinco
19	diecinueve	26	veintiséis
20	veinte	27	veintisiete
21	veintiuno	28	veintiocho
22	veintidós	29	veintinueve
		30	treinta
		31	treinta y uno
		32	treinta y dos

50	cincuenta
60	sesenta
70	setenta
80	ochenta
90	noventa
100	cien (to)

Nota: Recuerde que los numerales terminados en **uno** cambian a **UN** antes de un sustantivo masculino singular u otro numeral como **MIL**, y a **UNA** antes de un femenino.

Veintiún lápices	Cincuenta y un libros
Sesenta y una chicas	Treinta y un mil toneladas

101 ciento uno   115 ciento quince
102 ciento dos   199 ciento noventa y nueve

Ciento un libros
Ciento una muchachas
Ciento treinta y un lápices

Pero: Cien mil

200 doscientos   600 seiscientos
300 trescientos   700 setecientos
400 cuatrocientos   800 ochocientos
500 quinientos   900 novecientos

Nota: Los números de 200 a 900 concuerdan con el género del nombre:

Doscientas sillas.   Trescientos perros.

1000   mil
1001   mil (y) uno
1100   mil cien(to)
1153   mil ciento cincuenta y tres
2000   dos mil
10,000   diez mil
100,000   cien mil
1,000,000   un millón

1,000,000 de personas.   Un millón de personas.

Nota: En la mayoría de los países de habla hispana se usa punto, no coma. Mil no tiene **UNO** o **UN** delante. Tampoco tiene plural. Excepto en cantidad indeterminada. Se debe agregar **DE** después de miles, de un millón y antes de un nombre.

Miles de páginas.   Cinco millones de dólares.

> Los años se expresan a la par de su valor numérico.
> 1980 mil novecientos ochenta; 2010 dos mil diez.

Los numerales ordinales

Los numerales ordinales que más se usan son del primero al décimo. Cuando se usan como adjetivos estos numerales concuerdan en género y número con el sustantivo que modifican.

El primero de junio.   Las primeras filas.
El segundo libro.   La segunda edición.

Tercero, Cuarto, Quinto, Sexto, Séptimo, Octavo, Noveno, Décimo.

> Nota: Primero y tercero cambian a primer y tercer antes de un nombre masculino singular.
>
> Me voy en el primer tren que salga.
> Al tercer día resucitó Jesús.

Con los días del mes estos numerales se usan sólo con el primero.

El cinco de abril.   El dos de marzo.
April the fifth.   March the second.

Pero: El primero de diciembre.
             December the first.

Las formas de los numerales cardinales del once en adelante son infrecuentes. Por lo general se usan numerales cardinales.

El siglo veinte (XX)   Alfonso Trece (XIII)

Pero: Felipe Segundo, Carlos Quinto, etc.

Los numerales cardinales del once en adelante son los siguientes: undécimo, duodécimo, decimotercero, decimocuarto, decimoquinto, decimosexto, decimoséptimo, decimoctavo, decimonoveno (decimonono), vigésimo, trigésimo, cuadragésimo, quincuagésimo, sexagésimo, septuagésimo, octogésimo, nonagésimo

centésimo, ducentésimo, tricentésimo, cuadrigentésimo, quingentésimo, sexcentésimo, septingéntesimo, octigentésimo, noningentésimo (nongentésimo)

milésimo

Nota: Las formas onceavo, doceavo, etc. son incorrectas.

Los quebrados o fracciones

1/8	un octavo (de pulgada)
1/4	un cuarto (de kilómetro)
3/4	tres cuarto (de metro, de pulgada, etc.)
3/16	tres dieciseisavos (de pulgada)

El porcentaje

7%	El siete porciento, o siete porciento.
32%	El treinta y dos porciento, o treinta y dos porciento.

Actividades

Escriba el numeral que aparece a la izquierda asegurándose de que corresponda al nombre que le sigue.

1.   101 botellas.

2.   26 mujeres.

3.   100 nubes.

4.   200 problemas.

5.   151 personas.

6.   Las 1001 noches.

7.   120,000 órdenes.

8.   1492

9.   515 poemas.

10.   21 trabajadores.

11.   22 tazas de café.

12.   1,000 dólares

13.   5/4 de pulgada.

14.   El 51% de los estudiantes.

15.   El 14 de julio de 1776

16.   1821

17.   Esta mercancía tiene descuento del 23%

18.   414 escuelas.

19.   21,000 plantas.

20.   23 alumnas.

21.   El 4 de julio.

22.   Las "first" sillas

Expresiones problemáticas con D

I. La D causa a veces confusiones con la R cuando aparece entre vocales, especialmente en ciertas regiones americanas.

coro	codo	loro	lodo
miro	mido	toro	todo
parecer	padecer	poro	podo

II. El sonido de la D al final de palabra es débil y esto ocasiona que desaparezca a veces

Se escribe	Suena a veces
voluntad	voluntá
pared	paré
ciudad	ciudá

III. Algunas palabras que comienzan con **da, de, di** se separan mientras que otras se escriben como una palabra. No confunda la siguiente secuencia de sonidos que a veces representan una sola palabra y otras veces dos.

dé más	demás
da dos	dados
dé dos	dedos
di más	Dimas

Actividades

I. Complete con D o con R los espacios en blanco.

1. El to__o mira to__o.

2. Al l__o cae el lo__o.

3. El c__o canta como un lo__o.

4. En ca__a ca__a había una sonrisa.

5. No hubo mo__o de ver al mo__o porque no había mo__os en la costa.

6. Me obligó que mira__a su mira__a.

7. Se lastimó el co__o toreando al to__o.

8. La a__iposa ma__iposa no pu__o volar.

9. Pa__ece que Alberto pa__ ece de los nervios.

10. Cuando mi__o mi__o cuidadosamente.

II. Escriba una oración con cada una de las siguientes palabras.

<table>
<tr><td>1. morada</td><td>6. caminada</td></tr>
<tr><td>2. adoro</td><td>7. diamante</td></tr>
<tr><td>3. modero</td><td>8. demoro</td></tr>
<tr><td>4. Di amante</td><td>9. mido</td></tr>
<tr><td>5. periódico</td><td>10. adelantada</td></tr>
</table>

Cambios en las conjunciones Y, O

A. La Y antes de palabras que empiezan con **I** o con **HI**, cambia a **E**.

Verano e invierno   padre e hijo
maldad e ironía   aguja e hilo

Excepciones:

1. Al principio de una interrogacion se usa **Y**.

¿Y Isabel?   ¿Y Hipólito?

2. Antes de **HIE** se usa **Y**.

ron y hielo   carbon y hierro

3. No cambia a **E** antes de la **Y**.

Platero y Yo   Cállate y ya

B. La **O** antes de palabras que empiezan con **O**, o con **HO**, cambia a **U**.

siete u ocho   clínica u hospital

Actividades

I. Llene el espacio con la Y o con la E según sea necesario.

1. Juan estaba pálido _____ histérico.

2. Ejercicio _____ higiene son indispensables.

3. Lo encontraron entre pingüinos _____ hielos

4. Beatriz es bonita _____ inteligente.

5. El patio estaba cubierto de piedras _____ hierbas.

6. Entre inyección _____ inyección se siente mejor.

7. Fue entonces que pregunto "¿ _____ Isabel?

8. Pollo _____ iguana saben casi igual.

9. Destruyeron templos _____ ídolos paganos.

II. Llene el espaclo con la O o con la U según convenga.

1. Quiere estudiar medicina _____ odontología
.
2. Se encontraron una barrera _____ obstáculo.

3. Varón _____ hembra, el bebé sería bienvenido.

4. Nos sirvieron unas verduras _____ hongos verdes.

5. Hidrógeno _____ oxígeno son componentes del agua.

El acento en los interrogativos

Se acentúan qué, cuál, quién, cómo, dónde, cuándo, cuánto, si tienen valor interrogativo o admirativo, directo o indirecto.

1.   ¿Cuál te gusta? (interrogativo directo)
      Esta es mi almohada favorita sin la cual no puedo dormir.
      (No hay interrogativo)

2.   No sé a quién llevar. (interrogativo indirecto)
Esta es la muchacha a quien conociste ayer.
(No hay interrogativo)

3.   ¿Cuándo irás? (interrogativo directo)
Cuando pueda. (No se pregunta nada)

Me interesa saber cuándo viene. (interrogativo indirecto)

Tráeme cuando menos dos. (No se pregunta nada)
Siempre te miro cuando juegas.

4.   ¿Cuánto dinero tienes? (interrogativo directo)
Cuanto necesito.

¡Cuánto muchacho había en la playa! (admirativo)
Cuanto más estudia, más aprende.
Cuánto me hace falta Manuelita. (admirativo)

5.   ¿Qué te parece? (interrogativo directo)
Que tendremos que esperarnos.

No sé qué decirte. (interrogativo indirecto)
Mira, ¡qué bonito es ese coche! (admirativo)

6.   ¿Cómo estás? (interrogativo directo)
No sé cómo hacerlo. (interrogativo indirecto)
Se porta como si fuera una dama.

Observe que cuando el valor interrogativo o admirativo está ausente, no hay acento.

¿Qué dices?
Que te calles.
¿Que me calle, dices?

Por qué (pregunta por qué razón)

Porque (explica por causa o razón de que; conjunción)

¿Por qué no vienes? Porque no puedo.

¿Sabe usted el porqué de mi renuncia? (la razón por)

¿Porque he de saberlo?

7. Lo hice sin saber cómo ni cuándo.
(interrogativo indirecto)
¿Cómo cocinaste el menudo? Como pude.
Eres como una luz en mi camino
Cómo adelgazar en dos semanas. (inter. implícito)

¡Ojo! Se usa cómo en títulos para expresar "manera de", "modo de".

**Cómo hablar rumano en veinte lecciones
Cómo adelgazar sin dejar de comer y beber.**

8. ¿Dónde está mi guayabera azul? (interrogativo directo)
Ignoro dónde está. (interrogativo indirecto)
Esta es la casa donde nací. (No se pregunta nada)

Dónde (adverbio interrogativo); en qué lugar, en el lugar en
que.

¿Dónde estás?   ¿Dónde vives?

Donde (adverbio relativo); en que.

El coche donde (en el que) viaja el señor Arias acaba de salir.

Nicaragua es el país de donde (del cual) viene el café.

La ciudad donde (a la cual) nos dirigíamos.

Actividades

I. Ponga el acento donde haga falta.

1. ¿Cuantos años llevas trabajando en la Secretaria de Hacienda?

2. ¿Cual de aquellos te gusta? Cualquiera.

3. No se quien podria ir a buscarte a esta hora

4. ¿Como desea su bistec, señor Perez?

5. ¿Donde esta el correo en esta ciudad?

6. Ven cuando tengas ganas. No seas penoso

7. ¿Cuando me vas a pagar? Cuando pueda.

8. ¿Cuanto valen los tomatillos?

9. Eres como una espinita que se me ha clavado en el corazon.

10. Yo ignoro a que hora regreso Julieta del baile.

11. ¿Donde vas con manton de Manila?

12. ¿Que donde estan tus llaves?   Estan donde las dejaste.

13. Vivo arriba de donde tu vives.

14. Dices que faltan cuantos.

15. Cuanto mas estudies mas aprenderas.

II. Escriba una oración utilizando correctamente cada una de las siguientes palabras.

1. Cuántos

2. dónde

3. como

4. que

5. cuándo

6. cuanto

7. cual

8. porque

9. donde

10. quien

El día del santo

El Día del Santo es una festividad casi tan importante como el cumpleaños para la gente hispánica. En los países hispanos cada día del año está dedicado a un Santo o a una Santa de la religión católica. Muchos calendarios no sólo marcan el día y la fecha sino que también indican qué Santo o Santa se festeja ese día. Entre algunos hispanos todavía existe la costumbre de nombrar a los hijos según el día en que nacen. Así los nacidos el 15 de agosto pueden llamarse Mario o María; los que vienen a este mundo el 19 de marzo se pueden llamar José o Josefina; y si les toca el 13 de junio pueden ser Antonio o Antonia. Esta práctica explica en parte por qué hay hombres y mujeres llamados Concepción y Guadalupe. Sin embargo ésta es una buena costumbre pues combina dos festividades en una y evita el tener que celebrar dos cumpleaños, el de la persona y el del Santo de la persona.

En algunos hogares hispánicos aún se celebra el día del Santo. Según las posibilidades económicas de cada familia puede haber una gran cena y baile o puede haber una modesta reunión familiar donde se festeja al halagado. También puede haber una merienda de atole y tamales en algunos hogares de origen mexicano, o de chocolate y churros en otros. En esta ocasión, así como en los cumpleaños, se le cantan canciones al festejado. En los hogares de ascendencia mexicana se le pueden cantar "Las Mañanitas" y en otros el "Cumpleaños Feliz", una adaptación del "Happy Birthday".

Actividades

I. Escoja la palabra o frase de la columna izquierda que corresponda a la de la derecha.

1. festividad   a. canción mexicana

2. cumpleaños   b. pinole

3. hogar   c. cena

4. Las Mañanitas   ch. festejo, fiesta

5. merienda	d. casa familiar
6. festejado	e. pasta de harina y manteca horneada y rellena de dulce a veces.
7. atole	f. al contrario, al revés
8. tamal	g. empanada de masa de harina de maíz.
9. sino que	h. agasajado
10. churro	l. aniversario de nacimiento
11. pastel	j. pasta de harina elongada a la que se espolvorea azúcar.
	k. bebida de maíz molido
	l. corro

II. Escriba una oración utilizando cada una de las siguientes palabras.

1. merienda

2. hogar

3. atole

4. Las mañanitas

5. churros

III. Escriba una carta a un amigo(a) y explíquele detalladamente cómo celebrará su cumpleaños, o Santo si así fuera el caso, o el de algún familiar. (120 palabras)

CAPITULO IX

El condicional o potencial

Verbos regulares

Los verbos regulares del condicional agregan las terminaciones [ía ...] de acuerdo al siguiente patrón.

Jugar	jugaría jugarías jugaría jugaríamos jugaríais jugarían
Traer	traería traerías traería traeríamos traeríais traerían
Sentir	sentiría sentirías sentiría sentiríamos sentiríais sentirían

Verbos irregulares

I. Los verbos irregulares del condicional sufren los mismos cambios en su raíz que los verbos del futuro. Las terminaciones o desinencias de estos verbos son las mismas que para los regulares [ía ...]

A. Verbos que pierden la E o la I, e intercalan una D en la raíz.

Salir	saldría saldrías saldría saldríanos saldríais saldrían
Venir	vendría vendrías vendría vendríamos vendríais vendrían
Tener	tendría tendrías tendría tendríamos tendríais tendrían
Valer	valdría valdrías valdría valdríamos valdríais valdrían
Poner	pondría pondrías pondría pondríamos pondríais pondrían

B. Verbos que pierden una sílaba o una E.

Hacer	haría harías haría haríamos haríais harían
Saber	sabría sabrías sabría sabríamos sabríais sabrían
Poder	podría podrías podría podríamos podríais podrían
Haber	habría habrías habría habríamos habríais habrían
Caber	cabría cabrías cabría cabríamos cabríais cabrían
Querer	querría querrías querría querríamos querríais querrían

C. Verbos con otros cambios en la raíz.

Decir	diría dirías diría diríamos diríais dirían

El condicional en las oraciones independientes.

I. Se usa para indicar probabilidad en el pasado.

¿Por qué no <u>vendría</u> Raúl? <u>Estaría</u> jugando como siempre.

II. Para expresar un hecho no real, pero posible.

Me gustaría volver a Europa.
Sería Juan el vecino de Pedro.

III. Con ciertos verbos como poder, deber o querer se usa para mostrar cortesía al pedir algo .

¿Podrías hacerme ese trabajo para el lunes?

Nota: Algunos gramáticos prefieren usar el nombre Potencial al referirse a este tiempo porque no siempre expresa una condición. En las oraciones independientes, como las anteriores, no se expresa condición.

El condicional en las oraciones subordinadas o compuestas.

I. El condicional se usa en las oraciones compuestas para expresar una acción futura con referencia a una acción pasada. Compare el uso del futuro y del condicional en las expresiones siguientes.

María Cristina dijo que **vendría** a las ocho.
María Cristina dice que **vendrá** a las ocho.

Note que en el primer caso la acción de decir ya ha tomado lugar; en el segundo, se dice en el momento en que se habla, o se acaba de decir.

II. Se usa en la oración principal de un período condicional pero **NO** en la cláusula introducida por **SI**

Si tuviera buena voz, te <u>cantaría</u> una canción

Nota: En las oraciones condicionales también se acepta el uso del pasado de subjuntivo, que se verá más adelante, como sustituto del condicional. Este uso es muy popular en el español hablado en ciertas regiones.

Lo **hubiera** hecho, si **hubiera** sabido.

Actividades

I. Llene el espacio con la forma correcta del condicional del verbo entre paréntesis.

1. Si no te conociera, _____ (decir) que estás bromeando.

2. ¿Qué horas _____ (ser) cuando llego Roberto?

3. ¿ _____ (salir) tú conmigo a bailar?

4. ¿Te _____ (pedir) más dinero, si lo tuvieras.

5. Pensó que tú _____ (platicar) con ella después.

6. El centro de los Angeles _____ (estar) lleno de gente.

7. Tú no _____ (caber), si fueras más gorda.

8. El carpintero dijo que _____ (terminar) para el lunes.

9. Si me dieras un beso, me _____ (hacer) muy feliz.

10. ¿ _____ (poder) tú prestarme mil dólares?

II. Escriba una oración utilizando cada una de las siguientes palabras.

1. diríamos

2. pensaría

3. comerían

4. mentirían

5. valdría

III. Escriba usted una carta a un amigo (a) explicándole qué haría si se ganara dos millones de dólares en la lotería. (más o menos 75 palabras). Recuerde que el condicional es útil en la especulación.

Verbos de construcción inversa

Existe en español un grupo de verbos en los que, al contrario de la mayoría, el sujeto viene después del verbo. Entre ellos tenemos: **doler, caer bien (mal) encantar, gustar, hacer falta, interesar, importar, parecer,** y **quedar.**

> Nos duele la cabeza. (a nosotros)
> Nos duelen los pies. (a nosotras)
>
> ¿Qué te parece el libro?
> ¿Qué te parecen los anillos?
>
> Me cae bien el vino.
> Me caen mal las uvas
>
> Le gusta la playa. (a ella)
> Le gustan las fiestas. (a ella)

Observe que estos verbos se usan con el pronombre de complemento indirecto y que están en la tercera persona del singular o plural. Están en singular si el sustantivo que les sigue es singular. Aparecen en plural si el sustantivo es plural. Note también que en los casos de ambigüedad (le, les), es necesaria la frase aclaratoria a ella, a ustedes, a ellos, etc.

Actividades

Escriba una oración utilizando correctamente cada una de las siguientes frases.

1. nos gusta

2. me hacen falta

3. te duelen

4. le parece

5. te encantan

6. les gustan

7. nos cae bien

8. te faltan

9. le importan

10. me interesa

Hace + expresión temporal + que

A. La expresión "hace + expresión de tiempo + que + verbo en presente" tiene una equivalencia en inglés a "have + past participle + for", "have not... for".

> Hace dos años que te veo.
> I have been seeing you for two years.
>
> Hace diez meses que no la visito
> I have not visited her for ten months.
>
> ¿Cuánto (tiempo) hace que esperas?
> How long have you been waiting (for)?
> How long have you waited (for)?
>
> ¡Hace dos horas que espero!
> I have been waiting (for) two hours!
> I have waited (for) two hours!

B. La frase "desde hace + expresión de límite temporal es equivalente al inglés "for + time expression".

> No lo veo desde hace cinco meses.
> I have not seen him for five months.

Nota: "desde + expresión de tiempo" es equivalente al inglés "since + time expression."

> Vivo ahí desde septiembre.
> I have lived there since September.

C. La forma "hace + expresión temporal + que + verbo en pretérito, es equivalente al inglés "ago".

> Hace dos años que te vi.   I saw you two years ago.

D. La forma "hacía + expresión temporal + que" más un verbo en el imperfecto es equivalente al inglés "had + past participle".

> Hacía dos años que no te veía.
> I had not seen you for two years.

¿Cuánto hacía que trabajabas allí?
How long had you been working there?

Trabajaba allí desde hacía dos años.
I had been working there for two years.

Actividades

Escriba una oración completando cada una de las siguientes expresiones.

1. hace diez meses que ...

2. hacía un año que ...

3 ¿cuánto hace que ... ?

4. ¿cuánto hacía que ...?

5. hace una hora que ...

6. ¿cuántos años hace que ...?

7. ¿cuántos días hacía que ...?

8. hacía media hora que ...

9. hace un minuto que ...

10. hacía diez años que ...

11. desde hace ...

12. desde hacía ...

13. desde

14. hará que

15. haría que

Expresiones problemáticas con la E

I. La **E** y **HE** se confunden pues suenan igual.

echo (de echar)
hecho (de hacer)
hecho (sustantivo "fact")
e (sustituto de y)
he (de haber)
¿eh? (interrogación)

II. Recuerde que en muchas palabras inglesas cognadas no existe la **E** del español.

especial	special
estado	state
espinaca	spinach

III. Tenga en cuenta que en español la "e" nunca reproduce el sonido **I** del inglés. No confunda **me** con **mi** en la escritura.

Español	**Inglés**
mi	my
mí	for me, to me, myself
me	me, to me
así	like this
hace	he/she makes

IV. No confunda las secuencias de sonidos

es tirarse	estirarse
es coger	escoger
es timar	estimar
el hijo	elijo
en tere	entere
en hoja	enoja

Actividades

Escriba una oración utilizando cada una de las siguientes palabras.

1. elijo	5. estado
2. es tirar	6. espinaca
3. enoja	7. estirarse
4. echo	8. estimar

El acento en palabras de origen extranjero

Las palabras de origen extranjero tienden a conservar la sílaba tónica de su idioma original.

1. el referéndum	11. el quórum
2. el cupé	12. el récord
3. el (la) casette	13. el referí
4. el dandi	14. el satén o satín
5. el déficit	15. el elepé
6. el esmokin	16. el ultimátum
7. el exprés	17. Los Campos Elíseos
8. la formica	18. el water (baño)
9. el zíper	19. el zepelín
10. el flirteo	20. el vídeo

Actividades

Escriba una oración con cada una de las siguientes palabras.

1. referéndum	4. cupé	7. clisé
2. récord	5. exprés	8. referí
3. zíper	6. elepé	9. ultimátum

Puerto Rico declara el español como lengua oficial del país

Poco tiempo después de la guerra hispano-norteamericana Puerto Rico, junto con otras colonias españolas pasaron a ser parte de los Estados Unidos. A diferencia de Cuba y Filipinas, que habían expresado su deseo de independizarse de España, Puerto Rico nunca lo hizo. En 1902 el Congreso Americano promulgó una ley según la cual el idioma inglés y el español se convertían en los dos idiomas oficiales de Puerto Rico. En abril de 1991 esta ley fue derogada.

Rafael Hernández Colón, gobernador de Puerto Rico, convirtió en ley el proyecto de la Cámara de Representantes en el cual se declara el español como la única lengua oficial de la isla. La ceremonia tuvo lugar en el Centro de Bellas Artes y fue asistida por muchos representantes del mundo cultural hispánico. Entre ellos el director de la Real Academia de la Lengua Española, Manuel Alvar, así como también los directores de otras Academias de la Lengua de varios países hispanoamericanos. Asimismo estuvieron presentes los escritores Mario Benedetti, Miguel Delibes, Julián Marías y Rafael Alberti, además de numerosos políticos y enviados especiales del mundo hispánico.

Con excepción de los tribunales federales donde el inglés continúa siendo paralelo al español, esta nueva ley declara al español como idioma oficial de Puerto Rico. Esto representa un triunfo para el Partido Popular Democrático que defiende el estatuto de Puerto Rico como Estado Libre Asociado frente a los partidarios de la conversión del país en el 51 estado de la Unión y de los independentistas.

Cada uno de los tres partidos políticos promulga un estatuto distinto para la isla. El Partido Popular Democrático, que ocupa actualmente el poder, está a favor del mantenimiento del Estado Libre Asociado; Su opositor, el Partido Nuevo Progresista aboga por la incorporación de Puerto Rico a Estados Unidos; los independentistas, que sólo representan el tres por ciento de la población, defienden la idea de un país independiente.

Actividades

I. Escriba un breve ensayo (100 palabras) contestando las siguientes preguntas.

1. ¿Cree usted que el idioma que uno habla es parte de su identidad? Explique por qué lo es, o no lo es.

2. ¿Cree usted que esta ley que firmó el gobernador de Puerto Rico tenga que ver con el hecho que varias ciudades y estados norteamericanos han decretado recientemente el inglés como única lengua oficial de sus territorios?

II. Escriba una composición en donde defiende y critica la decisión puertorriqueña de declarar el español como la única lengua oficial de la isla. Tome la perspectiva de alguien que se opone a esta ley y de alguien que está a favor. Trate de no tomar partidos, pero exponga ambos razonamientos.

III. Escriba una oración utilizando correctamente cada una las siguientes expresiones.

1. promulgaron

2. deroga

3. convierto

4. proyecto de ley

5. Estado Libre Asociado

6. mantenimiento

7. estatuto

8. triunfo

9. hispánico

10. lengua oficial

11. opositor

Repaso capítulos VII, VIII, IX

I. Llene el espacio con el imperfecto o el pretérito del verbo en paréntesis.

Corresponsal asesinado

Artemio Cruz, corresponsal de <u>La Opinión</u> en San Salvador, _____ (ser) asesinado el miércoles 25 de enero en el vestíbulo de su hotel, según _____ (confirmar) el día 27 agentes de la policía de esa ciudad. El cadáver _____ (presentar) varias heridas de bala.

La policía incauta en Los Angeles 454 toneladas de cocaína

La policía angelina _____ (aprehender) el lunes pasado 454 toneladas de cocaína y _____ (detener) a tres personas--Dos ciudadanos norteamericanos y uno colombiano--acusados de formar parte de una banda de narcotraficantes que _____ (trasladar) la droga en aviones privados.

El nuevo teatro

Durante todo este decenio _____ (haber) un teatro malo contra el que _____ (tronar) intelectuales y críticos, pero que la burguesía y el populacho _____ (apreciar) mucho: _____ (dar) risa y _____ (tener) actores conocidos. Ultimamente ha sido desplazado por un teatro de más calidad. _____ (aparecer) primero allá por marzo del año pasado.

La nueva izquierda mexicana

Mientras que en los dos últimos años _____ (caer) el muro de Berlín, _____ (ser) derrocados los sandinistas en Nicaragua, Cuba _____ (perder) toda su influencia en la América Latina y la guerrilla salvadoreña se _____ (convertir) a la democracia, en México ha crecido una izquierda que se ha convertido en la más seria alternativa al Partido Comunista Mexicano.

La tasa de interés en los Estados Unidos

La Reserva Federal (FED) norteamericana _____ (reducir) el 31 de febrero en medio punto la tasa de descuento e inmediatamente los bancos comerciales _____ (anunciar) también la baja de sus tipos de interés.

Así es la vida

Cuando _____ (entrar) en el restaurante vi mucha gente que _____ (comer) y _____ (hablar) sin saber lo que _____ (suceder) afuera. Les grite, "¡fuego!, pero nadie me hizo caso. Entonces unos hombres mayores se _____ (dirigir) a mí y me _____ (decir): ¿Por qué no se va a escandalizar a otra parte joven? Yo no _____ (tener) deseos de discutir y _____ (ir) al teléfono y _____ (marcar) el 911.

II. Llene el espacio con el pretérito o el imperfecto del verbo entre paréntesis.

1. A Juan le _____ (interesar) esas noticias. (pret.)

2. Dicen que a mí de niño me _____ (gustar) los deportes. (imp.)

3. A nosotros siempre nos _____ (doler) la cabeza. (imp.)

4. ¿Por qué a ti sólo te _____ (quedar) un dólar? (imp.)

5. A él no le _____ (caer) bien los frijoles. (pret.)

6. A los chicos no les _____ (gustar) el vino. (pret.)

7. Te aseguro que a mí no me _____ (importar) las malas lenguas. (imp.)

8. A ustedes no les _____ (importunar) el ruido. (imp.)

9. A ellas les _____ (faltar) sólo un libro por leer. (imp.)

10. Me _____ (hacer falta) cien dólares. (imp.)

III. Llene el espacio con la forma correcta, reflexiva o no, del pretérito o imperfecto del verbo en paréntesis.

1. Juan _____ (levantarse) hoy muy tarde. (pret.)

2. Pablo _____ (levantar) la silla. (pret.)

3. Luisita _____ (ensuciarse) con el polvo del coche. (pret.)

4. Después de tomar esa pastilla, yo _____ (sentirse) mejor. (pret).

5. Concepción _____ (bañar) a su perro. (pret.)

6. Juan Manuel _____ (lavarse) la cara. (pret.)

7. El adolescente _____ (divertir) a los invitados. (pret.)

8. Pedrito no _____ (cepillarse) los dientes diario. (imp.)

9. Miriam _____ (apurarse) cuando no supo de su hijo. (pret.)

10. Ellos _____ (quejarse) del frío. (pret.)

IV. Llene el espacio con la forma correcta del futuro o condicional del verbo entre paréntesis.

1. Sergio no está aquí. ¿Dónde _____ (andar)?

2. Nosotras _____ (salir) mañana si pudiéramos.

3. Nosotros _____ (salir) mañana temprano. (Es un hecho)

4. ¿_____ (poder) tú hacer eso para el lunes? (petición cortés)

5. ¿_____ (querer) usted más café? (futuro)

6. Y nosotras qué _____ (hacer) con ese dinero? (condicional)

7. ¿_____ (hacer) calor mañana?

8. ¿Qué hora _____ (ser) cuando llegó Marco?

9. No tuve tiempo para ver el partido, ¿_____ (ganar) los Dodgers?

10. Se me olvidó el reloj. ¿Qué hora _____ (ser)? (En este momento)

V. Acentúe las palabras que lo necesiten.

1. Prestame tu pantalon azul.

2. Lupe trajo ese regalo para ti.

3. Si no me das mas te, me enojare.

4. Mi hermano y su esposa vinieron ayer.

5. El correo no llega aun. ¿Cuando llegara?

6. Dicen que el vino solo.

7. ¿Por que se dice que el agua es buena?

8. Necesito que usted me entregue la tarea mañana.

9. Te aseguro que no se que hacer en este caso.

10. Alvaro se hallo cien pesos en la avenida.

VI. Escriba los siguientes numerales.

1. 2,500 sillas

2. 131 planetas

3. 953 calles

4. 21 problemas

5. América se descubrió en 1492.

6. The first page

7. El siglo XX

8. 300,000 plantas

9. 21 mujeres

10. 101 personas

VII. Repaso general de acentos. Acentúe donde haga falta.

1. ¿Por que no estudias mas? Porque no tengo tiempo ni ganas.

2. ¿Quien podra saber la respuesta?

3. ¿A quienes viste anoche en el baile de graduacion?

4. ¿Donde vive la señorita Garcia?

5. Te advierto que aprenderemos como evitar esa situacion.

6. ¿Cuantos años llevas trabajando en esa compañia?

7. ¿Cuando vendras a visitarnos? Cuando pueda.

8. Cuanto mas estudia mas aprende.

9. ¿Donde no te llaman vas?

10. El hecho es que el echo esa carta en el buzon.

11. ¿Donde queda Constantinopla?

12. Se dice que el Oceano Pacifico es mas caliente que el Atlantico.

13. El avestruz es un ave de America del Sur.

14. ¿Cuanto vale el pan en esa panaderia?

15. No se cuantas naranjas cayeron.

16. La toalla no se seco. Estaba todavia humeda.

17. Los Ramirez nos esperaron en el aeropuerto.

18. Las almohadas de pluma de pato son las mejores.

19. La Republica de Mexico gano su independencia en 1821.

20. Se exhibieron bailes y vestidos tipicos.

21. Como hacerse millonario en tres años.

22. El clima de la Peninsula Iberica no es extremo.

23. Todavia se acuerda bien de mi.

24. Mi amigo aleman llega el miércoles veintitres de mayo.

25. No solo son tontos, sino tambien feos.

26. Este cafe esta buenisimo. ¿Como lo preparaste?

27. El jugador zigzageo habilmente y anoto un gol.

28. Dicen que ese ungüento es bueno para la picazon.

VIII. Escriba una oración utilizando correctamente las siguientes expresiones.

1. levantó	6. se la
2. los trajo	7. nos lo
3. me los	8. te la
4. la sueña	9. se los
5. se nos	10. nos las

IX. Escriba una oración usando correctamente las siguientes palabras.

1. te	6. dé
2. si	7. sólo
3. mi	8. té
4. tú	9. tu
5. mas	10. solo

X. Acentúe o ponga diéresis a las palabras que lo necesiten y escriba una oración con ellas.

1. antiguedades	10. torax
2. ataud	11. privilegio
3. eter	12. ingenuo
4. colico	13. nicaraguense
5. homogeneo	14. simultaneo
6. menu	15. arcoiris
7. docil	16. arqueologo
8. riito	17. verguenza
9. viuda	18. ruiseñor

CAPITULO X

Las formas verbales compuestas del indicativo.

Las formas compuestas se forman con la conjugación apropiada del verbo auxiliar HABER más el participio pasado.

El participio pasado o pasivo regular.

jugar	jugado
traer	traído
venir	venido

> **Observe** que esta forma se obtiene agregando **ado** a la raíz de los verbos terminados en **-ar**, o **ido** a la raíz de los terminados en **-er, -ir**.

El participio pasado irregular

escribir	escrito	morir	muerto
romper	roto	ver	visto
decir	dicho	hacer	hecho
soltar	soltado, suelto	volver	vuelto
cubrir	cubierto	imprimir	impreso, imprimido

> **Observe** que algunos verbos utilizan dos formas.
>
> Javier ha soltado al pájaro.
> El ganado anda suelto por el monte.
>
> En el caso de verbos con dos participios, se utiliza el regular para la formación de los tiempos compuestos y el irregular queda en función de adjetivo para determinar a un sustantivo o después del verbo ser o estar.
>
> El Presidente electo, está atento.
>
> **Excepciones:** frito, impreso y previsto.

OTROS verbos con dos participios son:

1. atender	atendido, atento
2. bendecir	bendecido, bendito
3. corregir	corregido, correcto
4. despertar	despertado, despierto
5. elegir	elegido, electo
6. extender	extendido, extenso
7. maldecir	maldecido, maldito
8. prender	prendido, preso
9. sustituir	sustituido, sustituto
10. freír	freído, frito

Pretérito perfecto compuesto

El pretérito perfecto compuesto se forma con la forma presente del verbo auxiliar HABER más el participio pasado. Es equivalente al "Present Perfect" del inglés.

He escrito **Has** escrito **Ha** escrito **Hemos** escrito **Habéis** escrito **Han** escrito

El presente perfecto se usa para referirse a una acción del pasado cuyos efectos persisten en el presente.

Gracias a Dios he terminado.
Thank God I have finished.

¿Has comido?   Hemos ido a clase todos los días.
Have you eaten?   We have gone to class everyday.

Actividades

l. Llene el espacio con la forma correcta del pretérito perfecto compuesto.

1. Siempre que llegas, yo ya _____ _____ (terminar)

2. ¿ _____ _____ (leer) tú ya esa novela?

3. Hoy nosotros _____ _____ (comer) muy bien.

4. Ustedes no _____ _____ (colgar) los cuadros.

5. Yo _____ _____ (escribir) eso a máquina dos veces

6. ¿Tú siempre _____ _____ (jugar) con esa venda?

7. ¿ _____ _____ (lavar) María la ropa?

8. ¿ _____ _____ (romper) usted sus relaciones con Petra?

9. ¿ _____ _____ (leer) ustedes <u>Cien años de soledad</u>?

10. Miguel y Marco no _____ _____ (decir) la verdad.

II. Escriba una oración utilizando cada una de las siguientes formas verbales.

1. han tomado

2. he decidido

3. has hecho

4. hemos permitido

5. han cubierto

6. ha visto

7. hemos vuelto

8. he soltado

9. has frito

10. ha brincado.

III. Escriba una carta a un amigo (a) narrando sus últimas vacaciones. Acuérdese de utilizar el pretérito perfecto compuesto y el pretérito perfecto simple (pretérito). (Escriba un mínimo de 130 palabras)

El pretérito pluscuamperfecto

El pretérito pluscuamperfecto (pluscuamperfecto) se forma con el pretérito imperfecto (imperfecto) de **haber** más el participio pasivo.

había abierto, **habías** abierto, **había** abierto, **habíamos** abierto, **habíais** abierto, **habían** abierto

Se usa el pluscuamperfecto para indicar la anterioridad de una acción relativa a otra o relativa a un momento en el pasado. Observe que ambas acciones ya han ocurrido.

Habíamos comido cuando sonó el teléfono.
We had (already) eaten when the phone rang.

En 1980 ya había terminado sus estudios.
In 1980 he/she had finished his/her studies.

Actividades

I. Llene el espacio con la forma correcta del pluscuamperfecto del verbo entre paréntesis.

1. Nosotros ya _____ _____ (leer) esa novela.

2. Yo no _____ _____ (empezar) a leer el periódico cuando tocaron.

3. El año pasado ustedes aún no _____ _____ (ir) a Puerto Rico.

4. Cuando cumplí 15 años yo ya _____ _____ (ver) esa película.

5. Ella ya se _____ _____ (vestir) cuando llegué.

6. ¿Tú la _____ _____ (conocer) antes?

7. Todavía yo no _____ _____ (despertado) cuando el timbre sonó.

8. Ellos ya _____ _____ (estar) en Acapulco antes.

9. Usted _____ _____ (cenar) cuando entró Pedro.

10. Pensé que tú todavía no _____ _____ (depositar) el dinero en el banco.

11. ¿Aún no _____ _____ (freír) esos huevos? ¡Qué flojo eres!

12. Nosotros ya _____ _____ (estar) en Roma.

13. La víctima _____ _____ (maldecir) a los criminales.

14. ¿Dice que usted ya _____ _____ (quejarse) antes?

Actividades

I. Escriba una oración con cada una de las siguientes formas verbales.

1. habíamos roto	6. habíamos estudiado
2. había escrito	7. había confesado
3. habían dicho	8. habían elegido
4. habías leído	9. había traído
5. había escuchado	10. había corregido

Otros Acentos

I. Los pronombres demostrativos deberán acentuarse.

> Esta casa es muy grande pero aquélla es mejor
> Dame éste y ése. Los demás no me sirven.
> Ese perro y éste son mis favoritos.
> Eso es lo que no me gusta de Alfredo.

Note que los adjetivos demostrativos no se acentúan. Esto es cuando las formas de arriba acompañan a un sustantivo no se acentúan.

Observe además que esto, eso, aquello, son pronombres, pero no se acentúan porque no pueden acompañar a un sustantivo.

II. Los adverbios terminados en **mente** mantienen su acento original.

pública	públicamente
constante	constantemente
fácil	fácilmente
rápida	rápidamente

III. El primer elemento de una palabra compuesta no lleva acento gráfico. El segundo elemento se acentúa según las reglas normales.

decimoséptimo, rioplatense, trabalenguas, ciempiés, veintidós

IV. Los infinitivos terminados en **uir** se escribirán sin acento.

construir instruir

Sin embargo, sus conjugaciones se acentúan sólo si se deshace el diptongo: sustituía, construí, instruí etc.

V. Los terminados en **oir**, **eir** se acentuarán lo mismo que sus conjugaciones siempre que se deshaga el diptongo.

oír, freír, sonreía, reí, oí

Nota: Existe una ambivalencia en cuanto a la acentuación gráfica de estos infinitivos. Algunos gramáticos los escriben sin acento.

V. Los infinitivos terminados en **iar** y **uar** se escribirán sin acento. Sus conjugaciones a veces se acentúan y a veces no. Ver página 67

VI. La letra "o" llevará acento cuando vaya entre dos números para evitar confusión con el cero.

8 ó 9   7 ó 5

Actividades

l. Acentúe donde haga falta.

1. No podra hacerlo facilmente; te lo aseguro.

2. Probablemente traeran 8 o 9 cañones para la defensa.

3. Llevate esta silla y traeme aquella.

4. ¿Por que no me quieres dar eso?

5. ¿Cuál de aquellos te gusta?

6. La aristocratica secretaria escribio el manuscrito

7. Llovio mucho, mas las flores no se marchitaron.

8. El Ballet Folklorico de Mexico estuvo en Peru.

9. Ayer festejamos el decimoquinto aniversario de nuestro encuentro.

10. ¿Quien tiene cien dolares disponibles para esa inversion?

Expresiones problemáticas con F

I. El sonido "F" se puede representar en inglés con **ph** o con **F**. En español se representa únicamente con **F**.

físico	physique
fisíca	physics
fantasma	phantom
teléfono	telephone

II. Otro problema es la doble **ff** del inglés que nunca ocurre en español.

difícil	oficina	eficaz
difficult	office	efficient

Actividades

Escriba una oración con cada una de las siguientes palabras.

1. diferente

2. fonógrafo

3. fase

4. telefonee

5. esfuerzo

6. efecto

7. eficazmente

8. afecto

9. indiferente

10. ofensa

Los quince años

Los quince años de la mujer hispana se celebran casi con tanta pompa como las bodas. Los padres presentan orgullosos a su hija a la sociedad y los parientes y amigos les ayudan a festejar tan importante día.

Las familias más tradicionales de la clase media preceden la fiesta con una misa en honor de la agasajada. Ataviada con un vestido largo, la jovencita entra a la iglesia seguida de sus padres, padrinos, damas y chambelanes, y los invitados. El sacerdote celebra la misa y después explica a la joven y a los concurrentes la importancia de este día en que la niña, simbólicamente, se convierte en mujer. La iglesia está decorada por lo general de flores y un organista acentúa la solemnidad de la ocasión.

Al salir de la iglesia los celebrantes se reúnen en un salón de fiestas o en el hogar de la jovencita o de algún pariente para seguir el festejo. Puede o no haber cena, pero casi siempre hay un baile, el cual es esperado ansiosamente por todos. Es costumbre que el padre o el padrino de la quinceañera se ponga de pie y diga algunas palabras. Después da comienzo al baile danzando la primera pieza con la festejada. Inmediatamente que termina el primer baile los aficionados al baile se lanzan a la pista y el resto se dedica a observar, beber, comer y conversar.

Además de su boda, ésta es quizá la fiesta más memorable de una jovencita. En algunos círculos los padres que no le celebran los quince años a su hija son tenidos en menos. Y algunos padres actúan como si el amor hacia su hija se midiera según el lujo de la fiesta. Algunas familias ahorran por años para esta ocasión; otras se endeudan por este motivo; y casi todas gastan más de lo que pueden en la celebración de los quince de su hija.

Actividades

I. Escoja la palabra de la columna derecha correspondiente a la de la izquierda.

1. pompa	a. guardar una parte
2. preceder	b. archivar
3. ataviar	c. conocedor, entendedor
4. vestido largo	ch. economizar, guardar
5. padrino	d. padre
6. chambelán	e. llenarse de deudas
7. concurrente	f. indumentaria de lujo
8. acentuar	g. gentil hombre, acompañante
9. pariente	h. componer
10. aficionado	i. realzar, resaltar
11. pista de baile	j. familiar
12. tener en menos	k. suelo o lugar para danzar
13. endeudarse	l. el que patrocina a otro en un
14. ahorrar	bautizo, boda, etc.
	ll. asistente
	m. solemnidad, suntuosidad
	n. menospreciar, desdeñar
	ñ. anteceder, estar antes

II. Escriba una oración utilizando cada una de las siguientes palabras.

1. precede

2. acentúa

3. te endeudas

4. concurrentes

5. ataviado

III. Escriba una descripción de alguna fiesta de quince años a la que haya asistido. Si nunca ha asistido a una, describa alguna fiesta memorable a la que haya asistido.

IV. Lea en voz alta la siguiente invitación.

Héctor y María Elena Villagra

Se complacen en invitar a usted y su

apreciable familia, a la

Celebración de los 15 Años

de su Hija

Beatriz María

que se llevara a cabo el

Sábado 22 de junio de 1991

Recepción y Baile

desde las 7:00 p.m.

686 Bataan Place

Monterey Park, California

CAPITULO XI

El futuro perfecto

El futuro perfecto se forma con el futuro de **haber** y el participio pasado del verbo que se conjuga.

habré peinado, habrás peinado, habrá peinado, habremos peinado, habréis peinado, habrán peinado

---

A. Se usa este tiempo para expresar una acción futura anterior a otra que no ha sucedido todavía o una acción futura anterior a un momento futuro. Ambas están por suceder

Habré acabado cuando llegue Beto.
I will have finished when Beto arrives.

A las 8 habré terminado el trabajo.
I will have finished the work by 8.

B. Se usa también para expresar probabilidad o duda en el pasado.

¿Qué habrá pasado con David?   Habrá trabajado ayer.
I wonder what happened to David.   He probably worked
                                        yesterday.

Actividades

I. Llene el espacio con la forma correcta del futuro perfecto del verbo entre paréntesis.

1. Para mañana yo _____ _____ (pulir) mi auto.

2. Cuando tú llames, nosotros ya _____ _____ (comer).

3. A las nueve, Elena ya _____ _____ (responder) a las preguntas del examen.

4. ¿_____ _____ (devolver) Juan las llaves?

5. Para el año 2000, yo _____ _____ (visitar) Marte.

6. La nave espacial _____ _____ (alunizar). (aterrizar en la luna)

7. Tú _____ _____ (escribir) ocho cartas para cuando yo llegue.

8. No sé qué pasó, me _____ _____ (quedar) dormido.

9. ¿_____ _____ (terminar) María y Rosa para el lunes?

10. Cuando usted venga, yo ya_____ _____ (salir).

II. Escriba una oración utilizando cada una de las siguientes expresiones.

1. habré tocado

2. habrán expresado

3. habré disfrutado

4. habremos escrito

5. habrás vuelto

Condicional perfecto

El condicional perfecto se forma con el condicional de **haber** más el participio pasado del verbo que se conjuga.

habría jugado, habrías jugado, habría jugado, habríamos jugado, habríais jugado, habrían jugado

A. El condicional perfecto se usa para expresar una acción futura respecto a una acción pasada. La acción pasada viene expresada en la oración principal. La acción futura es la subordinada.

Me dijo que para la semana próxima ya habría terminado.
He told me that he would have finished by next week.

B. El condicional perfecto se usa en la cláusula principal de las oraciones condicionales.

Habría pasado, si hubiera estudiado.

Observe que este tiempo compuesto "habría pasado", se usa en los periodos condicionales si la cláusula subordinada por sí contiene un verbo en "pluscuamperfecto de subjuntivo", **hubiera estudiado.** Véase las páginas 242-43 y 257-58.

Nota: La función del condicional perfecto en cuanto a la expresión de duda o probabilidad en el pasado es muy semejante a la del condicional.

Habría trabajado hasta muy tarde.
Trabajaría hasta muy tarde.

Observe que el significado es paralelo.

Actividades

I. Llene el espacio con la forma correcta del condicional perfecto del verbo dado en infinitivo entre paréntesis.

1. Me prometió que ellos _____ _____ (terminar) el trabajo para el lunes.

2. Nos dijeron que ellos no _____ _____ (venir).

3. Si no hubieras comido tanto, no _____ _____ (estar) enfermo.

4. Tú _____ _____ (cantar) mejor, si no hubieras estado ronca.

5. Pensé que usted ya _____ _____ (comer).

6. Creímos que tú ya te _____ _____ (dormir).

7. Si no hubiera llegado a tiempo, yo la _____ _____ (dejar).

8. Me imagine que usted ya _____ _____ (leer) el periódico.

9. Nosotros te _____ _____ (esperar) más, si no hubiera estado lloviendo.

10. Supusimos que Marta ya _____ _____ (escribir).

II. Escriba una oración con cada una de las siguientes expresiones.

1. habríamos sugerido

2. habría escrito

3. habrías cubierto

4. habríamos construido

5. habrían estudiado

Las formas progresivas

Las formas progresivas se forman con la conjugación de verbos auxiliares como **estar, ir, venir, andar** y **llevar**, más el gerundio.

estoy cantando	voy buscando
estarías soñando	vengo buscando
anda diciendo	llevo trabajando 8 horas

Note que la forma progresiva se puede formar con cualquiera de los cinco tiempos simples del indicativo.

La forma progresiva se usa para expresar acciones que están en progreso en el momento en que se habla, o en que se implica que sucederá, o sucedió la acción.

No puede contestar el teléfono porque está comiendo.
Mañana a esta hora estaremos comiendo tapas en Madrid.
El año pasado por estas fechas estábamos nadando en el Caribe.

Nota: La forma progresiva no puede usarse para expresar una acción futura o anticipada. Para esto se usan los tiempos simples.

Canto el lunes próximo.
Cantaré el lunes próximo.

Recuerde que también el imperfecto se puede usar para describir una acción durante su progreso. El tiempo compuesto fija inequívocamente el proceso de la acción en el presente, pasado o futuro. La acción del imperfecto está relacionada con el pasado.

No puede contestar el teléfono porque está comiendo.

No pudo contestar el teléfono porque estaba comiendo.
No pudo contestar el teléfono porque comía.

Los verbos **seguir** y **continuar** expresan la duración de la acción.

Sigue trabajando   Continúa estudiando

Actividades

I. Escriba las preguntas que probablemente evoquen las respuestas a continuación.

Ejemplo: ¿Qué estará haciendo Pedro?
              Estará comiendo.

              ¿A qué hora llegaría Juan anoche?
              Llegaría a las dos.

1. estaremos comiendo   6. continuaré escribiendo

2. andaría cantando   7. estará pidiendo

3. llegamos corriendo   8. se fue caminando

4. sigo pensando   9. estarás sirviendo

5. llegas exigiendo   10. continuábamos bebiendo

Expresiones problemáticas con G y con J

I. Recuerde que la similitud fónica de la **G** y la **J** ante la **E** o la **I** causa problemas: **ge** y **gi** suenan igual que **je** y que **ji**. La G en **ga, gu** reproduce un sonido suave.

geranio, gitano, gesto, girasol, Getulio

Galicia, gordura, gusano, gato, gota, guapa

Recuerde que la **U** no suena en **gue** o en **gui**:

Guevara, guerra, guitarra, guinda,

Excepto, claro, cuando la u lleva diéresis (ü):

vergüenza, bilingüe, pingüino

II. Los verbos terminados en **ger** y en **gir** cambian la **G** por **J** antes de la **A** o de la **O**.

escojo, escoja   dirijo, dirija

Esto se debe a que se escribe siempre **J** ante la **A**, **O** y **U**, cuando empieza sílaba y cuando reproduce el fonema /j/.

jueves arrojo jornal jarabe agasajar ajustar júbilo

III. Debe distinguirse entre los homófonos con **G** y con **J**.

gira (de girar)   jira (tira de una tela)
vegete (de vegetar)   vejete (de viejo)
Girón (apellido)   jirón (pedazo del vestido)
agito (de agitar)   ajito (ajo pequeño)

Actividades

Escriba una oración con cada una de las siguientes alabras.

1. encoja   8. masaje

2. ligero   9. juguete

3. geografía   10. gimnasia

4. gigante   11. follaje

5. masaje   12. escoge

6. jirafa   13. agencia

7. garaje   14. pasaje

IV. Algunas palabras se escriben con **J** en inglés y con **Y** en español.

trayectoria	trajectory
yuxtaposición	juxtaposition

Otras palabras iguales son: mayor, inyección, proyector, etc.

Actividades

Escriba una oración con cada una de las siguientes palabras, y léala en voz alta.

1. averigüe	16. paragüería
2. bendijo	17. garaje
3. proyecto	18. gira
4. coraje	19. pasaje
5. vendaje	20. inyección
6. contagio	21. escojo
7. yuxtaposición	22. agito
8. joya	23. lógica
9. agüita	24. sinvergüenza
10. coraje	25. pista de aterrizaje
11. genial	26. ajito
12. emerge	27. mal agüero
13. encaje (sustantivo)	28. bilingüe
14. lengüita	29. desagüé
15. mayor	30. proyección

El sitio ideal para vacaciones

Panamá es un país enormemente musical, en el que la exuberancia
del paisaje, de su verdor, de su sabor a trópico, se confunde con la música
que se oye y se disfruta a cada paso y en cualquier momento. Me fascinó oír
a Celia Cruz... y escuchar las canciones del "Rey de la Salsa", Rubén Blades,
un abogado panameño convertido en uno de los grandes cantantes populares
de la música latinoamericana . . . también ver a su gente bailando cumbia o
el tamborcito de manera contagiosa. . .

El folklore y las artesanías panameñas fueron otro descubrimiento.
Entre ellos recordamos el carnaval (con sus bailes de disfraces, y el Entierro
de la Sardina). Asimismo el precioso traje nacional llamado "la pollera", es
uno de los más característicos y suntuosos de toda América Latina.
Tampoco se nos olvidan: el sombrero "montuno" que llevan los hombres, la
belleza de sus "molas" (camisas) y en general, toda la artesanía panameña.
Las "bateas" pintadas a mano, las "chaquiras" o collares de gran colorido, con
cuentas bellísimas y los artículos de "rosa de madera" son de un gran
atractivo.

Ciudad Panamá, con sus modernos edificios altísimos, al borde del
Pacífico, me hizo desde el primer momento una impresión muy, muy
agradable. Y la pasé estupendamente recorriendo el Casco Viejo de la
ciudad, empezando el recorrido en la Plaza de Francia y conociendo Las
Bóvedas; la iglesia de San José, con el famoso Altar de Oro; el Palacio de
Justicia y las ruinas de la Iglesia de Santo Domingo en el Museo de Arte
Colonial Religioso. ¡Es una cálida ciudad donde "la buena vida" se disfruta a
plenitud y con absoluta sensualidad y complacencia!

Ejemplos de buenos restaurantes (aparte de los hoteles, que son
excelentes) son Sarti, Pan-China, Panamar, Pez de Oro, Las Américas . . .
También son muy buenos El Gallo de Oro, Big Mama's, La Tablita, La Casa
del Marisco, Las Rejas y Marbella. Y hay muchos otros, y con cocina de
todas partes del mundo. Algunas discotecas de moda son Open House,
Disco 2.000, Tucan, Magic, Las Molas y Bakkus. Hay baile y show en los
cabarets de todos los hoteles, igual que bares agradabilísimos donde se
puede tomar tragos y oír un poquito de música.

Salir de compras--mercaderías que vienen de todas partes del mundo y se venden sin impuestos--es uno de los grandes atractivos adicionales a la visita a Panamá, al que a veces le llaman "El Bazar del Mundo". Tanto en Panamá Viejo, como en Plaza de Francia, igual que en los centros comerciales de Plaza Paitilla, Bal Harbour y El Dorado, hay tiendas y excelentes boutiques, además de las que existen en los diferentes hoteles y a lo largo de la Avenida Central y Avenida 4 de Julio, y en la Calle 50.

Podemos comprar cosas locales panameñas, como son: las "molas" hechas por los indios cuans; las "chaquiras", hechas por los indios guaymíes; los sombreros montunos, figuras de barro y de madera tallada; objetos de cerámica y de "papier maché"; ornamentos para el pelo, como los que se usan con las polleras de gala, artículos de paja y de cuero, y lindas reproducciones de joyería indígena. Del resto de América Latina también podemos encontrar ponchos, rebozos, ruanas, artesanías y carteras de cuero; mientras que de Europa y los Estados Unidos hay maravillosas cámaras, perfumes, relojes, suéteres de cashemira, cristalería, telas, joyas, licores y ropa hecha, tanto de mujeres como de hombres, etc.

Del Oriente venden maravillosos manteles, artículos de marfil, de bronce, telas brocadas y de sedas, porcelanas, perlas cultivadas, todo tipo de equipo fotográfico y electrónico, además de vistosas alfombras y preciosos kimonos y saris bordados.

Como ven, Panamá es ciertamente una especie de "bazar" donde encontrar tesoros de todas partes del mundo.

(Vanidades)

Actividades

I. Escriba una oración original utilizando cada una de las siguientes palabras.

1. joyería
2. suéter
3. marfil

4. madera tallada
5. cumbia
6. porcelana

II. Escoja la palabra de la columna derecha correspondiente a la de la izquierda.

1. paisaje	a. vista, cuadro
2. verdor	b. se mezcla
3. se confunde	c. se goza
4. se disfruta	ch. color verde
5. artesanías	d. obras de artesanos
6. disfraz	e. piel
7. sardina	f. lugar antiguo
8. "molas" (camisas)	g. vestido de máscara
9. marfil	h. camisa con figuras bordadas
10 estupendamente	i. magníficamente
11 casco viejo	j. bandera
12. mercaderías	k. mercancías
13. madera tallada	l. tejido con que se cubre la mesa para comer
14. paja	ll. caña sin el grano
15. cuero	m. madera trabajada
16. reloj	n. tejido de lana de algodón u otro material
17. cristalería	ñ. substancia hallada en los dientes de los vertebrados
18. telas	o. máquina que señala la hora
19. mantel	p. pez pequeño
	q. cosas hechas de cristal

¡Ojo! Pez se refiere al animal acuático vivo. Pescado se llama al animal que ha sido sacado del agua.

III. Escriba una respuesta a las siguientes preguntas:

1. ¿Qué cosas de Panamá impresionaron al viajero? ¿Por qué?

2. Según el artículo, el salir de compras es uno de los grandes atractivos de Panamá. ¿Por qué?

IV. Describa usted su sitio favorito para vacaciones o para compras. (100 palabras)

Repaso general de acentos

I. Ponga usted acento a las siguientes palabras si lo necesitan y escriba una oración con cada una de ellas.

1. mayuscula
2. subterraneo
3. irlandes
4. sandwich
5. dolares
6. etcetera
7. platano
8. Esperenme
9. animo caido
10. arabes e israelies
11. pate (sustantivo)

13. Pluton
14. mamiferos
15. pedi
16. parabola
17. embriaguez
18. polvora
19. iman
20. brazalete
21. depositos petroliferos
22. espiritu
23. delfin
24. reptil

II. Ponga usted acento a las siguientes palabras si lo necesitan y escriba una oración con cada una de ellas.

1. duermete	21. euforia
2. barandal	22. fechoria
3. bajate	23. femur
4. tunel	24. paracaidas
5. quimica	25. rinoceronte
6. programa	26. faisan
7. vacaciones	27. niveo
8. sintoma	28. recien casada
9. articulo	29. polen
10. el capital	30. rail
11. la musica	31. sabiduria
12. paraiso	32. El panteon en Paris
13. Jupiter	33. Moises Mendez
14. veintiseis	34. ideologia
15. protuberancia	35. submarinismo
16. pronostico	36. traemelo
17. colibri	37. arroz
18. baul	38. martir
19. piru	39. caries
20. mirasol	40. caliz

CAPITULO XII

El modo imperativo (Mandatos)

Los mandatos directos son órdenes, afirmativas o negativas, dirigidas a **usted, ustedes** o **tú.**

Mandatos afirmativos formales

Verbos regulares

Todos los verbos cuya primera persona del singular del presente termina en "o" son regulares en la formación del mandato afirmativo formal de **usted** y **ustedes.**

1ª Persona Sing.	Usted	Ustedes
pienso	piense	piensen
traigo	traiga	traigan
prefiero	prefiera	prefieran

> Observe que los verbos terminados en **ar** cambian la **O** de la primera persona del singular por **E.** Los terminados en **er** o **ir** sustituyen la misma **O** por **A.**

El mandato formal reproduce la raíz de la primera persona del singular del indicativo terminada en O, sea o no sea ésta regular.

Caber	quepo	quepa	quepan
Comer	como	coma	coman
Cantar	canto	cante	canten
Seguir	sigo	siga	sigan

Note también que el plural, ustedes, se forma agregando una **N** al singular.

Los verbos terminados en **car, gar, zar, ger** y **gir** son regulares en el mandato de **usted** pero tienen un cambio ortográfico.

Tocar	toque usted	toquen ustedes
Jugar	juegue usted	jueguen ustedes
Escoger	escoja usted	escojan ustedes
Dirigir	dirija usted	dirijan ustedes

Verbos irregulares

Los verbos irregulares del imperativo o mandato "**usted**" son aquellos cuya primera persona singular del presente de indicativo **no** termina en **O**.
Algunos verbos de estos son: ir, estar, saber, ser, dar, etc.

Ir	voy	vaya usted	vayan ustedes
Estar	estoy	esté usted	estén ustedes
Saber	sé	sepa usted	sepan ustedes
Ser	soy	sea usted	sean ustedes
Dar	doy	dé usted	den ustedes

Los mandatos negativos

Los mandatos negativos de **usted** se forman anteponiendo **NO** al mandato afirmativo.

Venga	No venga	Sea	No sea
Sepan	No sepan	Dé	No dé

Actividades

I. Dé usted el mandato afirmativo de usted o ustedes de los siguientes infinitivos.

1. llegar
2. soñar (ustedes)
3. perder
4. caminar
5. dormir

6. discutir (ustedes)
7. sacar
8. colgar (ustedes)
9. almorzar
10. caber (ustedes)

II. De usted el mandato negativo de usted o ustedes de los siguientes infinitivos.

1. preferir
2. cerrar (ustedes)
3. seguir (ustedes)
4. traducir
5. despertar

6. correr
7. distraerse
8. pagar (ustedes)
9. forzar
10. indagar

Mandatos afirmativos familiares

Verbos regulares

El mandato afirmativo familiar, **TU**, de las formas regulares es gráficamente igual a la tercera persona singular del presente de indicativo.

	Mandato	No hay mandato
Pensar	piensa tú	piensa (él)
Desear	desea tú	desea (él)
Escribir	escribe tú	escribe (él)

Verbos irregulares

El mandato afirmativo **TU** de algunos verbos es irregular. Hay que memorizar estas formas.

decir	di	hacer	haz
ir	ve	poner	pon
salir	sal	ser	sé
tener	ten	venir	ven

Mandatos negativos de Tú

Los mandatos negativos de tú se forman agregando una **S** a la forma afirmativa del mandato **usted**, y anteponiendo un **No**.

Afirmativo de Usted	Negativo de TU
Camine usted	No camines tú
Venga usted	No vengas tú
Duerma usted	No duermas tú

Actividades

I. Escriba usted el mandato afirmativo de tú de los siguientes infinitivos.

1. cerrar   6. salir

2. ahogar   7. barrer

3. poner   8. escuchar

4. decir   9. pensar

5. escribir   10. indagar

II. Escriba usted el mandato negativo de tú en los siguientes verbos.

1. producir   6. salir

2. traer   7. proponer

3. hacer   8. caber

4. dirigir   9. decir

5. ir   10. comenzar

III. Piense usted que tiene un hijo adolescente y que se va a ir de vacaciones por dos semanas. Escríbale una serie de instrucciones sobre lo que debe hacer o no hacer durante su ausencia. Se le sugieren los siguientes verbos, pero Ud. puede usar otros: visitar, limpiar, limitar, traer, hacer, salir, abrir, cerrar, cocinar.

IV. Convierta las siguientes expresiones en mandatos formales de USTED, USTEDES, o familiares de TU según se pida.

Ejemplos: ¿Arreglamos el coche? (ustedes)
Arreglen el coche.

¿Compongo una canción? (usted)
Componga una canción.

¿Puedo salir? (Tú)
Sal.

1. ¿Escucho el ruido? (tú)

2. ¿Sacamos buenas notas? (ustedes)

3. ¿Dirijo la orquesta? (usted)

4. ¿Pensamos en la lección? (ustedes)

5. ¿Salimos temprano? (ustedes)

6. ¿Pido más café?   (tú)

7. ¿Preferimos té?   (ustedes)

8. ¿Voy mañana?   (usted)

9. ¿Hago la tarea?   (tú)

I0. ¿Servimos flan?   (ustedes)

V. Usted es muy exigente. Pídale a alguien que le lave el coche. Dígale qué es lo que debe hacer y qué no. Escriba un mínimo de 50 palabras.

Mandatos con nosotros

Los mandatos con la forma Nosotros sugieren u ordenan que se lleve a cabo una acción por el hablante y sus acompañantes.

Hablar	Hablemos	Decir	Digamos
Traer	Traigamos	Saber	Sepamos
Dirigir	Dirijamos	Ser	Seamos

Observe que aquí la raíz del verbo tiene los mismos cambios que sufre la formación del mandato afirmativo de **usted**.

Sustituto alternativo: Vamos a hablar.

Mandatos indirectos

Los mandatos indirectos se forman con la forma de mandato formal precedida de **que** y seguida del sujeto.

Que ponga Juan la mesa.   Have (Let) Juan set the table.
Que cante Pedro.   Have (Let) Pedro sing.

Observe que estos mandatos expresan la voluntad del hablante de una forma indirecta y se refieren a alguien presente o ausente a quien el hablante no se dirige de manera directa.

Compare las expresiones: Venga usted aquí y Que venga usted aquí

La primera es un mandato directo a una persona presente, el segundo se refiere a un deseo u orden dado por alguien ausente, o a la forma indirecta de repetir el mandato.

Posición de los pronombres con los mandatos afirmativos

En todos los mandatos afirmativos el pronombre de complemento directo o indirecto, o el reflexivo, debe ir al final del mandato y ser parte de él.

Duérmanse ustedes temprano. Dele usted leche al niño.

Préstanos cien dólares. Pensémoslo un poco más.

Nota: en el caso del mandato terminado en S y seguido de NOS, se pierde la S:

Préstanos, Lavémonos, Sentémonos, Vistámonos, Pongámonos, etc.

Posición de los pronombres con los mandatos negativos

Los pronombres de complemento directo o indirecto vienen antes del mandato negativo de acuerdo al siguiente patrón. Observe que no se unen al verbo.

No se duerman (ustedes) en clase.
No nos prestes (tú) cien dólares.
No le dé (usted) leche.
No lo pensemos (nosotros) más.

El orden de los pronombres antes y después del verbo conjugado es siempre indirecto, directo. En los mandatos negativos se escriben antes y van separados. Con los mandatos afirmativos se escriben como parte del mandato: Préstamelo

Actividades

I. Conteste las siguientes preguntas con un mandato afirmativo según se indica.

Ejemplos: ¿Le doy café? (usted)
Sí, démelo.
¿Les preparo una paella? (tú)
Sí, prepáranosla.
¿Le traigo la ensalada? (tú)
Sí, tráemela.

1. ¿Le pongo la mesa? (a usted)

2. ¿Le lavo la ropa? (a ella)

3. ¿Te doy más vino? (a ti)

4. ¿Les platico lo que me pasó? (a ustedes)

5. ¿Dejo la puerta abierta? (usted)

II. Convierta sus respuestas del ejercicio I en negaciones.

1.
2.
3.
4.
5.

III. Escriba una oración con cada una de las siguientes frases.

1. que traigan

2. salgamos

3. alcánzanos

4. despertémonos

5. que exija

6. no lo pienses

IV. Llene el espacio en blanco con la conjugación correcta del mandato del verbo en paréntesis.

1. Deja que Marta _____ (poner) la mesa.

2. Tú, no lo _____ (pensar) más y cásate.

3. Sr. Ramírez, por favor _____ (bañar) a mi perro.

4. Y ustedes, _____ (cocinar) bien esa carne.

5. Mesero, por favor, _____ (traer) otro refresco.

Expresiones problemáticas con la H

Ya que la H es muda en español es necesario memorizar qué palabras la utilizan y cuáles no.

I. Uno de los problemas mayores es el relacionado con los homófonos.

1. **habría**   (de haber)
    abría   (de abrir)

    Habría ido, si hubiera podido.
    Abría las puertas a las nueve en punto.

2. **aprehender**   (de prender)
    aprender   (adquirir conocimiento)

    La policía aprehendió al delincuente.
    Maritza aprendió la lección.

3. **haremos**   (de hacer)
    aremos   (de arar)

    Haremos nuestro trabajo para que no se enoje ella.
    Es necesario que aremos nuestras tierras.

4. **¡Bah!**   (interj. de desdén)
    va   (de ir)

    ¡Bah! a mí no me importa eso.
    María va de compras todos los días.

5. **deshecho**   (de deshacer)
    desecho   (desechar, desperdicio)

    El pueblo fue deshecho por el huracán.
    Pon los desechos de la comida en la basura.

6. **hice**   (de hacer)
    ice   (de izar, "to hoist")

    Hice lo que pude, pero no terminé.
    Señor Báez, ice la bandera más temprano.

7. **hierro**   (metal)
    yerro   (falta, error)

    Los antiguos mexicanos no conocían el hierro.
    Mi yerro fue no haber consultado con el abogado.

8. **hinca**   (de hincar, arrodillarse)
    inca   (civilización)

    El cura se hinca ante el altar.
    El rey inca tenía muchas joyas.

9. **hizo**   (de hacer)
    izo   (de izar)

    César hizo toda su tarea.
    Cuando puedo izo la bandera.

10. **¡Oh!**   (interjección)
    O   (conjunción)

    ¡Oh! Se me olvidó traer las notas.
    O te calmas o te duermes.

11. **hojear**   (pasar las hojas)
    ojear   (dar un vistazo)

    Es bueno hojear un libro antes de comprarlo.
    Quiero ir por la escuela para ojear un poco.

12. **hola**   (saludo)
    ola   (del mar)

    ¡Hola Lola!   ¿Cómo estás?
    Una ola enorme lo tapó.

13. honda   (profunda, resortera)
     onda   (ola)

     La presa es muy honda.
     Se durmió con el sonido de las ondas del mar.

14. hora   (del día)
     ora   (de orar)

     ¿Qué hora es buena para ti?
     La religiosa ora todos los días.

15. hoces   (de hoz)
     oses   (de osar, "to dare")

     El trigo se sega con hoces.
     No oses levantarme la voz.

16. horno   ("oven")
     orno   (de ornar, adornar)

     Me gusta el pavo al horno.
     Nunca orno mi cabeza con ningún sombrero.

17. rehusar   (rechazar)
     reusar   (volver a usar)

     Rehusaron mi solicitud de ingreso.
     Reusaron los envases de refresco.

II. Recuerde que algunas palabras que comienzan con el sonido **A** se escriben con **H** en inglés y sin ella en español.

alucinación	hallucination
aleluya	hallelujah
arenga	harangue
armónico	harmonic
arcabuz	harquebus

Nota: Este fenómeno también se da al revés en palabras como **habilidad.**

Actividades

I. Llene el espacio con la palabra adecuada.

1. El Servicio Secreto_____ al espía. (aprendió, aprehendió)

2. Juan _____ siempre que tiene problemas. (ora, hora)

3. Los muchachos se pasan el tiempo_____ a las chicas. (ojeando, hojeando)

4. Todas las mañanas _____ la bandera. (hizo, izo)

5. Como _____ faltarme al respeto, ¡te pego! (oses, hoces)

6. Sé que cometí, un _____ , pero ya me arrepentí. (yerro, hierro)

7. _____ la tierra y olvidemos la lluvia. (Aremos, Haremos)

8. Después del trabajo Francisco estaba _____ (desecho, deshecho)

9. ¿Dices que no _____ la masa? (hablando, ablando)

10. El año pasado _____ temprano todos los días. (habría, abría)

II. Escriba una oración con cada una de las siguientes palabras.

1. aprendeheremos   8. habría

2. habilidad   7. rehúso

3. haremos   8. haremos

4. hola   9. oses

5. ola   10. hizo

Pollo al vino
Ingredientes
1 pollo
½ libra de tocineta
mantequilla al gusto
1 libra de hongos
1 docena de cebollitas blancas
1 cucharada de harina
½ botella de vino tinto
½ litro de consomé
1 ajo
Perejil, laurel, tomillo al gusto

Desprese el pollo y **póngalo** con pimienta y sal. **Ponga** la tocineta en una sartén hasta que se **dore, sáquela** y **deje** la grasa. **Ponga** un poco de mantequilla y **fría** las cebollas hasta que se **doren, sáquelas;** se fríen igual los hongos y se sacan. En esta misma grasa se dora el pollo, habiéndolo pasado antes por la harina. Se ponen todos estos ingredientes en una olla, agregándole el ajo, el laurel, el tomillo, etc., se deja en esta olla al fuego bajito durante cinco minutos y se le agrega el vino tinto. **Caliéntese** hasta que **hierva,** teniendo el cuidado de rebullirlo después, **agréguele** el caldo, **tápelo** y **cocínelo** durante cinco minutos a calor mediano. Pasado de este tiempo **saque** la salsa, **cuélela,** si está demasiado clara, **déjela** reducir rápidamente, **vuélvale** a agregar el pollo, **pruébela, vuélvala** a calentar y **sírvala.**

(Vanidades)

Actividades

I. Dé el infinitivo de los siguientes mandatos.

1. desprese

2. ponga

8. hierva

9. agregue

3. dore

4. saque

5. deje

6. fría

7. caliéntese

10. tape

11. cocine

12. cuele

13. vuelva

14. pruebe

II. Escoja la palabra de la columna derecha que corresponda a la de la izquierda.

1. agregar

2. colar

3. tapar

4. caldo

5. rebullir

6. olla

7. laurel

8. tomillo

9. ajo

10. harina

11. hongo

12. tocineta

13. sartén

14. despresar

a. unir, juntar

b. condimento de olor fuerte

c. pasar un líquido por un colador

ch. líquido obtenido cociendo carne

d. semilla reducida a polvo

e. vasija redonda para quisar

f. planta sin clorofila

g. árbol cuyas hojas son condimiento

h. bullir, mover, agitar

i. carne gorda del cerdo

j. planta usada como condimiento

k. vasija de hierro para freír

l. cortar en piezas un ave

ll. cubrir

III. Escriba indicaciones sobre uno de los siguientes temas. (80 palabras)

a) Escriba su receta favorita e indique cómo prepararla

b) Indique cómo encerar un auto.

c) Indique cómo plantar un rosal

Repaso capítulos X, XI, XII

I. Llene el espacio con la forma correcta del presente perfecto o del pluscuamperfecto, según convenga.

1. Tú ya_____ _____ (comer) cuando llegó el cartero.

2. Cuando he estudiado siempre _____ _____ (sacar) buenas notas.

3. Cuando habló el Presidente ya se _____ _____ mandar) la protesta.

4. Yo lo sé, porque yo sí _____ _____ (escribir).

5. Rosa no _____ _____ (devolver) los libros a la biblioteca.

6. ¿Aún tú no _____ _____ (hacer) la tarea?

7. Me imaginé que ellas _____ _____ (venir) cuando vi su coche.

8. Yo _____ _____ (romper) el cristal. ¿Ahora qué hago?

9. Aún yo no _____ _____ (traer) los materiales cuando empezó a llover.

10. Nosotros aún no _____ _____ (empezar) a comer cuando sonó el teléfono.

11. ¿Qué pasa? ¡El gato _____ _____ (comerse) al canario.

12. ¿_____ _____ (ver) a Pepe el día de hoy.

13. Jorge nunca _____ _____ (probar) las empanadas argentinas antes.

II. Acentúe donde sea necesario.

1. Aunque este libro es bueno, aquel es mejor.

2. El campeon gano la carrera facilmente.

3. Celebramos el decimoseptimo aniversario de la fundacion de nuestra asociacion.

4. El jesuita estudia linguistica en Ia Universidad Catolica.

5. Cuando llegamos habia 8 o 9 camiones destruidos.

6. ¿Estas segura que te graduas en el verano?

7. El medico opero lenta y cuidadosamente.

8. Este no me gusta, enséñame aquel por favor.

9. Esta division es dificil, pero aquella es facil.

10. El profesor habia instruido bien a los alumnos.

III. Las siguientes oraciones tienen algunos errores ortográficos. Reescríbalas haciendo todas las correcciones necesarias.

1. El equipo que cometa menos hierros ganara.

2. Abria que tener mas abilidad para llamar su atencion.

3. El telephono de la officina es amarillo.

4. Es dificil que esa philosofia tenga algun effecto.

5. Es un echo que la biologia y la physica son dificiles.

6. Prefiero que ella no dirija el coro este año.

7. "Ablando se entiende la gente", dijo el jefe a sus hombres.

8. La enfermera le puso una injeccion al paciente.

9. Miriam es muy devota. Siempre ora.

10. La juxtaposicion de dos elementos opuestos es recomendable.

IV. Llene el espacio en blanco con G, Gu, Gü, o J según convenga.

1. ami____ ito   11. ali____ eras

2. un____ ento   12. ur____ o

3. ____ erra   13. distin____ í

4. lle____ e   14. alber____ aron

5. si____ ió   15. conse____ iré

6. fin____ o (yo)   16. fin____ iste

7. se____ iste   17. perse____ í

8. exa____ ero   18. prote____ o

9. ele____ iste   19. enco____ a

10. distin____ es   20. esco____ e

V. Llene el espacio con la forma correcta del futuro perfecto o del condicional perfecto.

1. No he visto a José. _____ _____ (venir) a verme.

2. Para mayo nosotros _____ _____ (reparar) el techo.

3. ¿_____ _____ (llegar) a tiempo Julio?

4. Cuando llegue el cartero, yo ya _____ _____ (salir).

5. Me supongo que te _____ _____ (peinar) antes de venir.

6. Pensaron que nosotros _____ _____ (llamar) otra vez.

7. Si no hubieras comido tanto, no _____ _____ (estar) tan soñoliento.

8. Se imaginó que yo ya _____ _____ (leer) ese libro.

9. Supuse que tú ya _____ _____ (terminar) esa novela.

10. No sé nada de Elena. ¿Qué _____ _____ (ser) de ella?

VI. Escriba usted el afirmativo de los siguientes mandatos.

Ejemplos:	No haga la tarea.	Hágala.
	No tiendas la cama.	Tiéndela

1. No veas a Sarita.

2. No cantes esa canción.

3. No ponga la mesa.

4. No llames al muchacho.

5. No lea la carta.

6. No salgas al frío.

7. No pinte esa casa.

8. No brinques el charco.

9. No barras el patio.

10. No construya edificios.

VII. Escriba usted el negativo de los siguientes mandatos.

Ejemplos:	Enséñemela.	Dímelo.
	No me la enseñe.	No me lo digas.

1. Pónmela   6. Díselo

2. Pásamelos   7. Déjasela

3. Léamela   8. Sábelo

4. Préstemelo   9. Házmelo

5. Tráigamelo   10. Piénsalo

Adivinanzas y acertijos

1. ¿En qué se parece un tren a una pera?

2. Oro no es, plata no es. ¿Qué es?

3. Es muy agrio su sabor, bastante dura su piel, y si lo quieres tomar, tienes que estrujarlo.

4. Nace fuera; sin permiso entra en casa y siempre sin decir nada se sienta en tu propia mesa.

5. ¿Cuál es el santo que tiene las piernas más delgadas?

6. ¿Cuál es el colmo de un caballo?

¿Qué es?

7. lana sube, lana baja

8. Teje con maña; caza con saña

Respuestas

1. En que el tren no es pera.
2. El plátano
3. El limón
4. La mosca
5. El zancudo
6. Traer silla y no poder sentarse.
7. la navaja
8. La araña

CAPITULO XIII

El modo subjuntivo

Los verbos regulares del presente de subjuntivo se forman cambiando la terminación **O** de la primera persona singular del presente de indicativo por **E** o por **A**, y añadiendo las desinencias habituales para las otras personas: **S** para la forma **tú**, **MOS** para la forma **nosotros**, **IS** para la forma **vosotros**, y **N** para la forma **ellos/ustedes**. La forma para **él/ella/usted** es igual a la de **YO**.

Infinitivo	Presente Ind.	Presente Subjuntivo
hablar	hablo	hable, hables, hable, hablemos, habléis, hablen
Beber	Bebo	beba, bebas, beba, bebamos bebáis, beban
Abrir	Abro	abra, abras, abra, abramos, abráis, abran

I. En la primera y segunda persona del plural ciertos verbos tienen un cambio adicional.

Pensar   piense, pienses, piense, pensemos, penséis, piensen

Volver   vuelva, vuelvas, vuelva, volvamos, volváis, vuelvan

Sentir   sienta, sientas, sienta, sintamos, sintáis, sientan

Otros verbos semejantes son: jugar, querer, colgar, mover, adquirir, dormir (durmamos), oler, mentir (mintamos), herir (hiramos), etc.

II. Los verbos terminados en **car, gar, zar, ger, gir**, tienen los mismos cambios que en los mandatos de **usted**.

Marcar   marque, marques, marque, marquemos, marquéis, marquen

Pagar   pague, pagues, pague, paguemos, paguéis, paguen

Alzar   alce, alces, alce, alcemos, alcéis, alcen

Escoger   escoja, escojas, escoja, escojamos, escojáis, escojan

Dirigir   dirija, dirijas, dirija, dirijamos, dirijáis, dirijan

III. Los verbos irregulares del presente de subjuntivo son los mismos verbos irregulares del mandato de **usted.**

Estar   esté, estés, esté, estemos, estéis, estén

Ser   sea, seas, sea, seamos, seáis, sean

Ir   vaya, vayas, vaya, vayamos, vayáis, vayan

Saber   sepa, sepas, sepa, sepamos, sepáis, sepan

Dar   dé, des, dé, demos, deis, den

Actividades

I. Subraye los verbos que aparezcan en el presente de subjuntivo e identifique los verbos del indicativo.

1. Javier apenas alcanzó a llegar a tiempo.

2. El jefe me dijo: "No quiero que llegue tan tarde".

3. Disculpe, no lo hice a propósito.

4. Por última vez, te pido que no me trates mal.

5. Mi novia prefiere que no estudie tanto.

6. Le aseguro que no es bueno que coma tanto.

7. El entrenador quiere que brinquen más alto.

8. No es necesario que llegue tan temprano Mario.

9. Le sugiero que vaya a ver al médico.

10. Es conveniente que estudiemos más.

Note que en los ejercicios de arriba el subjuntivo aparece principalmente en las oraciones subordinadas introducidas por "que".

    V. gr. "que llegue tan tarde", que no me trates mal, que no estudie tanto, etc.

El indicativo se usa para expresar lo conocido, lo experimentado. El subjuntivo se emplea para indicar sucesos o circunstancias sobre los que no se tiene conocimiento o experiencia. El subjuntivo se refiere también a lo no existente.

El subjuntivo en oraciones subordinadas

El presente de subjuntivo se usa en una oración subordinada para expresar una acción presente o futura en relación a otra acción presente que está en indicativo.

No quiero   (presente)   que llegue tarde.   (presente o futuro)

Oración principal Acción presente	Oración subordinada Acción presente o futura
Dudo	que lo tengas.
No creo	que llegues a tiempo.
Conviene	que escriba a máquina.
Me alegro	que puedas venir mañana.
Le molesta	que leas en voz alta.
Queremos	que empiecen eso ahora.

Note que el subjuntivo se usa después de verbos que expresan duda o negación (dudo, no creo), emoción (me alegro, le molesta) y deseo o mandato implícito (conviene, queremos). Cuando el hablante duda o ignora el postulado que formula, la oración subordinada se expresa por lo general en subjuntivo.

El subjuntivo en oraciones sustantivas.

Los ejemplos que aparecen arriba y abajo se refieren al subjuntivo en oraciones substantivas.

Duda   Dudo   que sepas la respuesta.

Negación   No creo   que venga Pepe hoy.

| **Deseo** | Es conveniente | que pagues tus cuentas. |
| **Emoción** | Temo | que me vean. |

Observe que el sujeto de los dos verbos es distinto.

Dudo (yo)	sepas (tú)
Creo (yo)	venga (él)
Es conveniente (impersonal)	pagues (tú)

Cuando el sujeto de ambos verbos es el mismo, no hace falta el subjuntivo.

> Dudo saber la respuesta.
> Creo poder llegar a tiempo.
> Es conveniente pagar.

Después de ciertos verbos de voluntad como permitir, ordenar, aconsejar, dejar, prohibir se puede usar el subjuntivo o el infinitivo.

> Me permiten hablar el lunes próximo.
> Me permiten que hable el lunes próximo.

Observe que a la oración subordinada subjuntiva se le antepone **que**.

B. El indicativo puede utilizarse como una alternativa al subjuntivo después de verbos de emoción, pero el significado cambia.

Me apena ver que sufras.	(El sufrimiento es hipotético).
Me apena ver que sufres.	(El sufrimiento es real).
Me alegra que vienes a verme.	(Visita determinada)
Me alegra que vengas a verme..	(Visita indeterminada)

C. La duda expresada en una pregunta puede o no usar el subjuntivo dependiendo del sentido.

> ¿Piensas que hace frío en México?
> ¿Piensas que haga frío en México?

En la primera pregunta se pide una opinión de alguien que se supone saber la respuesta. En la segunda se pide una especulación sobre el clima actual o futuro.

Observe que el uso del subjuntivo refleja la actitud del hablante de la oración principal.

Actividades

I. Llene el espacio con la forma correcta del infinitivo entre paréntesis.

1. Quiero que tú me _____ (prestar) cinco dólares.

2. Necesito que ustedes me _____ (dar) más tiempo.

3. Te aconseja que ustedes no _____ (ir) a la fiesta.

4. Me prohiben que _____ (salir) contigo, por eso lo hago.

5. El profesor duda mucho que nos _____ (aceptar) en esa escuela.

6. Juan no cree que nos _____ (dejar) salir mañana.

7. María desea que usted le _____ (traer) más café.

8. El doctor le aconseja a Julia que no _____ (comer) tanto.

9. Les agrada que los muchachos _____ (trabajar) duro.

10. Se nos pide que _____ (hacer) un mejor trabajo.

II. Escriba una oración utilizando cada una de las siguientes formas verbales.

1. sepa	6. caigamos	11. oigas	16. sueñe
2. vaya	7. leas	12. beba	17. subas
3. durmamos	8. pidamos	13. conozcan	18. bajemos
4. quepan	9. escoja	14. dirijas	19. inspires
5. pidas	10. venga	15. ocurra	20. mintamos

III. Llene el espacio en blanco con la conjugación correcta del verbo en paréntesis.

Siempre que Juan _____ (llegar) al restorán en la mañana pide que le _____ (servir) café con leche. El mesero lo _____ (mirar), le _____ (sonreír) y se _____ (ir) a la cocina. A los pocos minutos, que a Juan le

_____ (parecer) una eternidad, regresa con la orden.

_____ (Observar) al cliente y le _____ (servir). Después Juan ordena que le _____ (traer) pan con mantequilla. Al cabo de dos horas y cinco tazas de café, nuestro amigo _____ (pararse), _____ (dar) los buenos días, y _____ (marcharse).

El subjuntivo en expresiones impersonales

El subjuntivo se usa en expresiones impersonales en los mismos casos que se usa en las oraciones sustantivas.

I. Se usa después de expresiones impersonales que expresan una opinión o juicio valorativo.

Es mejor que no vayas a la playa.
Es raro que llueva este mes.

Otras expresiones semejantes son: "Es necesario que, Es imposible que, Es difícil que, Es natural que, Es halagador que, Es malo (bueno) que, Es interesante que", etc.

II. Se usa después de expresiones impersonales que afirman la verdad o falsedad de un juicio desde el punto de vista del hablante, si dicha expresión está en forma negativa.

No es seguro que Francisco venga.
No es verdad que tengamos millones.

Otras expresiones semejantes son: "No es obvio que, No es evidente que, No es cierto que", etc.

Nota: Cuando estas expresiones aparecen en forma afirmativa, no se usa el subjuntivo.

Es cierto que Pedrito estudia mucho.
Es evidente que ellos son ricos.

Actividades

I. Llene el espacio con la forma correcta del presente de subjuntivo o indicativo del infinitivo en paréntesis.

1. Es evidente que usted no _____ (estudiar).

2. Es reconfortante que ellos lo _____ (saber).

3. Es malo que ella _____ (ir) allá.

4. Es obvio que él _____ (trabajar) mucho.

5. No es cierto que nosotros _____ (pedir) ayuda.

6. Es interesante que ellos _____ (oír) ese ruido.

7. No es necesario que usted _____ (preocuparse) tanto.

8. Es imposible que yo _____ (llegar) a tiempo.

9. No es bueno que tú _____ trabajar tanto.

10. Es seguro que _____ (llover) hoy.

II. Escriba una oración con cada una de las siguientes expresiones.

1. Es importante que   6. Es lástima que

2. No es verdad que   7. No es difícil que

3. Es seguro que   8. Es halagador que

4. Es raro que   9. No es seguro que

5. Es probable que   10. Es obvio que

Expresiones problemáticas con L, Ll, e Y.

I. La letra L es la única grafía del fonema /l/. Se escribe L siempre que se necesite reproducir el sonido /l/. La ll no representa el sonido /l/ en español.

paralelo, alianza, alegoría, celofán

Observe que todas las palabras arriba mencionadas se escriben con **ll** en inglés y que su sonido en ambas lengua es parecido a /l/.

Recuerde que en español los sonidos /l/ y /ll/ son distintos.

llego lego   llave lave   llama lama

II. La **Ll** y la **Y** sin embargo suenan igual en gran parte del mundo hispánico.

Suenan igual **ya no** y **llano, ya ve** y **llave**

III. Hay algunos homófonos que se deben saber.

malla (red)   **haya** (de haber)
maya (civilización)   **halla** (de hallar)
rallar (desmenuzar)   **arrollo** (arrollar)
rayar (hacer rayas)   **arroyo** (riachuelo)

Reglas para el uso de la Ll

1. Se escriben con **Ll** las palabras terminadas en **illa** e **illo**.

    ardilla, tortilla, villa, caudillo

2. Se escriben con **Ll** los verbos terminados en [**llir**] y [**llar**].

    embullir, engullir, embotellar, desarrollar

Reglas para el uso de la Y:

1. La **Y** tiene sonido vocálico cuando va como conjunción.

    Los niños y niñas vinieron ayer.

2. Si una palabra con sonido de **I** termina en diptongo o triptongo, se escribe **Y**:

    mamey, buey, hoy, batey, Uruguay

3. Recuerde que los verbos terminados en **uir** cambian la **I** por **Y** en el presente y pretérito :

distribuyo, distribuyes, distribuye, distribuimos, distribuís, distribuyen

distribuí, distribuiste, distribuyó, distribuimos, distribuisteis, distribuyeron

4. Tanto la **Ll** como la **Y** se usan al principio o en medio de una palabra:

llama, lluvia, botella, estrella, patrulla, grillo, yogur, yegua, haya, maya, peyote, ayuno

5. Frecuentemente el sonido **illo** e **illa** se confunde con el sonido **ío** e **ía.**

Se escribe	Se escucha (a veces)
tortilla	tortía
pasillo	pasío
chiquillo	chiquío
tornillo	tornío
carretilla	carretía

Observe que los sonidos [illo], [ío], [illa], [ía] son parecidos, pero no son iguales.

Nota: Una tortilla en México y en Centroamérica es un pan circular plano hecho de harina de maíz o de trigo. En otros países se refiere a los huevos batidos y fritos con cualquier otro manjar.

Actividades

I. Llene el espacio con **I, Y, illa, illo, L** o **Ll** según convenga.

1. pla___a
2. ___ema
3. ___ama
4. ___egua
5. quesad___
6. bata___a
7. ladrí___o
8. contribu___o
9. rodi___a

13. cuchi___ada
14. zambu___ida
15. bu___icio
16. sustitu___ó
17. el hombre ma___a
18. vo___
19. cepi___ar
20. tra___ecto
21. pro___ecto

10. tomat___	22. ___odo
11. dó___ar	23. curs___.
12. el ha___a floreció	24. past___.

II. Llene el espacio con la conjugación correcta del verbo en paréntesis.

1. Jose _____ (construir) ese edificio el año pasado.

2. Hoy Santiago y yo _____ (destruir) nuestro castillo de arena.

3. Ayer el pastor _____ (imbuir) a Elda para que se quedara.

4. La Suprema Corte lo _____ (destituir) de su cargo.

III. Escriba una oración utilizando correctamente cada una de las siguientes expresiones.

1. ralla	6. tomatillo
2. callo	7. tortilla de papa
3. quesadillas	8. halla
4. celofán	9. tortilla (como en México)
5. malla	10. haya

Las fiestas navideñas en el mundo hispánico

Como es sabido, la Navidad es una fiesta religiosa celebrada universalmente en los hogares cristianos el 25 de diciembre de cada año. El intercambio de regalos, la cena familiar y la visita a la iglesia son tradicionales para la mayoría de los habitantes de Estados Unidos el día 25. Para los hispanos, sin embargo, las festividades empiezan la noche del 24. Después de una opípara cena familiar, por lo general se asiste a una Misa de Gallo o "Midnight Mass". El intercambio de regalos puede celebrarse después de esta misa o a la mañana siguiente.

En cuanto a los regalos, vale la pena recordar que en muchas partes del mundo hispánico, el intercambio ocurre el 6 de enero o Día de los Reyes y no el 25 de diciembre. La cena navideña varía según las costumbres de cada grupo hispano. Se puede servir el tradicional pavo o una pierna de puerco, o algún otro platillo típico como tamales o empanadas. En algunos lugares las fiestas navideñas empiezan desde el 16 de diciembre.

En México, por ejemplo, se celebran Las Posadas del 16 al 23 de diciembre. Aquí se recrean los problemas que tuvieron José y María en hallar posada el día del nacimiento de Cristo. Un grupo de personas llevando en brazos un "Nacimiento", una escena de la Natividad, camina por el vecindario cantando villancicos para pedir posada. Dramatizando los sufrimientos que se dice que pasaron la Virgen y San José, los que están dentro les niegan posada repetidamente. Todo este diálogo se lleva a cabo cantando villancicos. Después de varias tentativas fallidas, les permiten entrar y todos cantan. También se rompen las tradicionales piñatas; se come, se bebe y se baila.

Otro día festivo navideño es el día de los Santos Inocentes, el 28 de diciembre. En este día, equivalente al "April Fools Day" norteamericano, es costumbre engañar a la gente con una mentira y después desengañarla entre risas y bromas diciendo, "inocente que te has dejado engañar". La fiesta del Año Viejo el 31 de diciembre cierra con broche de oro las fiestas navideñas. Sin embargo, una semana más tarde, el seis de enero, se celebra el Día de Reyes. En este día los niños y los adultos reciben regalos igual que en la Navidad.

Actividades

I. Escoja la palabra de la columna derecha que corresponda a su equivalente de la izquierda,

1 pavo
2. costumbre
3. Día de Reyes
4. puerco
5. vale la pena

a. de todas maneras
b. alberque
c. Día que se permiten" las mentiras"
ch. abundante
d. casa familiar

6. opípara
7. empanadas
8. sin embargo
9. posada
10. hogar
11. piñata
12. Santos Inocentes
13. bromas

e. es conveniente
f. tradición, hábito
g. vianda cubierta de masa cocida
h. cochino, lechón, cerdo, marrano
i. "olla" decorada llena de dulces
j. chistes, engaños con fin de burla
k. guajolote, guanajo
l. Día de dar y recibir regalos

II. Escriba una oración utilizando correctamente cada una de las siguientes palabras.

1. Año Viejo

2. Misa de Gallo

3. Día de los Santos Inocentes

4. Día de los Santos Reyes

5. Las Posadas

6. Piñata

III. Escriba una breve composición acerca de cómo piensa celebrar las próximas Navidades (150 palabras)

IV. Describa usted una fiesta de Navidad memorable. (100 palabras)

CAPITULO XIV

El subjuntivo en las oraciones adjetivas

Cuando la oración subordinada funciona como adjetivo que modifica a un sustantivo o pronombre llamado antecedente y éste es desconocido al hablante, se usa el subjuntivo.

Oración Principal	Oración adjetiva subordinada
Necesitan una muchacha	que tenga experiencia.

En este caso el antecedente desconocido es "muchacha" y la oración que funciona como adjetivo es "que tenga experiencia".

Sin embargo, si el antecedente es conocido al hablante, se usa el indicativo.

Necesitan a la muchacha que tiene experiencia
Buscamos a una señorita que trabaja aquí.

Cuando el antecedente es inexistente, o se duda de su existencia, se usa el subjuntivo.

En ese grupo no hay nadie que sepa cantar.

Si se expresa con certeza la existencia del antecedente se usa el indicativo.

En ese grupo hay alguien que sabe cantar.
Conozco a uno que siempre llega tarde.

Pero: No conozco a nadie que siempre llegue tarde.

Actividades

I. Llene el espacio con la forma correcta del indicativo o subjuntivo según convenga.

1. Nunca he visto un oso que _____ (bailar) en una pata.

2. Quiero una muñeca que _____ (hablar) francés.

3. Prefieren entrevistar candidatos que _____ (saber) taquigrafía.

4. Busco un telégrafo que _____ (estar) cerca. (Ya sé cuál)

5. No conozco a nadie que _____ (tocar) el himno nacional.

6. ¿No hay ningún restaurán que _____ (servir) mariscos?

7. ¿Es cierto que necesitas un perro que _____ (ladrar) fuerte?

8. Aquí hay una máquina que _____ (cortar) mosaico.

9. Allá no hay nada que te _____ (poder) ayudar.

10. ¿Tienes una llave que _____ (sacar) tuercas?

II. Reescriba las siguientes oraciones haciendo los cambios indicados en el ejemplo.

Ejemplo: Busco el lugar que vende tamales tapatíos. (ya lo he visto)

Cambio: Busco un lugar que venda tamales tapatíos. (nunca lo he visto)

1. Necesitamos a la operadora que sabe español.

2. Queremos manejar por la carretera que es estrecha.

3. Quiero volar en el avión que es pequeño.

4. Pretendemos comer en el restaurán que vende menudo.

5. Busco a la empleada que me ayuda.

6. Aquí hay alguien que sabe japonés. (No hay nadie . . .)

7. Seguramente hay alguien en ese taller que puede arreglar el auto.

8. Estoy seguro que aquí hay alguien que sabe alemán.

9. Necesito al alumno que sabe escribir cuentos.

10. Queremos hallar la discoteca que toca música clásica.

El subjuntivo en las oraciones adverbiales

Las oraciones subordinadas que modifican a un verbo y se introducen por las siguientes conjunciones se usan en subjuntivo si se refieren a una accion futura y en indicativo si se refieren a una accion rutinaria o pasada.

Oración principal	Oración adverbial
Comeré	cuando llegue José (acción futura)
Como	cuando llega Ana (acción rutinaria)
Comí	cuando llegó Raúl (acción pasada)

Otras conjunciones que requieren este uso del subjuntivo son: **hasta que, después (que), en cuanto, tan pronto (como).**

I. Si la expresión que precede a la oración subordinada es **como, según, donde** o **aunque** y se ve como una certeza, se usará el indicativo.

> Pídelos como te gustan.
> Siempre trabajas según te dice el patrón.
> Pon la medicina donde te dice el boticario.
> Aunque llueve vamos a salir

Sin embargo, cuando el hablante quiere abarcar todas las posibilidades; cuando quiere indicar que el sujeto de la oración subordinada hará algo a cualquier costo, se usará el subjuntivo.

> Pídelos como te gusten.
> Siempre has de trabajar según te diga el patrón.
>
> Pon la medicina donde te diga el boticario.
> Aunque llueva vamos a salir.

II. Cuando **mientras** y **siempre que,** son el equivalente a "as long as" o "provided", se usa el subjuntivo.

> Voy a verla siempre que puedo.
> No tendrá problemas siempre que pague a tiempo.
>
> No pienso en ella mientras trabajo.
> No saldré con él mientras trabaje aquí.

III. Se usará subjuntivo también si la expresión que precede a la oración subordinada es una de las siguientes: **para que, sin que, con tal que, a fin que, a menos que.**

Vengo para que me ayudes.
Entra sin que te vean.
Voy con tal que vaya María.
Lo hago a fin de que tú lo hagas también.

Nota: En estos casos no hay alternativa de indicativo.

Actividades

I. Llene el espacio en blanco con la conjugación correcta del verbo en paréntesis.

1. Me acosté en cuanto _____ (hacer) la digestión.

2. Terminaré el trabajo tan pronto como tú _____ (llegar).

3. ¿Piensas salir sin que ellos te _____ (ver)?

4. Te compré esta máquina para que _____ (practicar) más.

5. Vinieron aquí, cuando lo _____ (saber).

6. Comeré después que yo _____ (jugar) con Pablo.

7. Te prometo que iré aunque no _____ (tener) dinero.

8. Mientras usted _____ (pagar) sus impuestos no tendrá problema.

9. Ustedes se quedan aquí, hasta que yo _____ (saber) la verdad.

I0. Siempre que _____ (venir) María, platicamos.

II. Escriba una oración utilizando correctamente cada una de las siguientes expresiones:

l. sin que

2. antes que

3. cuando

4. en cuanto

5. con tal que

6. para que

7. tan pronto como

8. a fin de que

9. después que

10. a menos que

Adjetivos posesivos

I. Los adjetivos posesivos son:

mi (s)	**mío** (a)(s)	my
tu (s)	**tuyo** (a)(s)	your
su (s)	**suyo** (a)(s)	your, his, her, its
nuestro (a)(s)	our	
vuestro (a)(s)	your (Spain)	
su (s)	**suyo** (a)(s)	your, their

Usos del adjetivo posesivo

Ese saco es mío.   Ese es mi saco.
préstame la camisa tuya.   Préstame tu camisa.
El perro tuyo ladra mucho.   Tu perro ladra mucho
La tía nuestra vino ayer.   Nuestra abuelita vino ayer.
La nuera suya vino ayer.   Su nuera vino ayer.

Observe que el adjetivo tiene la forma mío, tuyo cuando sigue al
sustantivo. Cuando precede al sustantivo tiene la forma mi, tu.

Actividades

I. Llene el espacio con la forma correcta del adjetivo posesivo entre paréntesis.

1. _____ (My) cortadora de pasto se quemó.

2. Le pedimos a _____ (our) tía dos sillas nuevas.

3. _____ (Your, Usted) hermana no sabe bailar bien.

4. Le trajimos _____ (your) correo, señor Benítez.

5. Esas camisas son _____ (mine)

6. Los perros _____ (of yours, tú) mordieron a mi gato.

7. Estamos jugando con la pelota _____ (of hers).

8. Compré los muebles _____ (of mine) en esa tienda.

9. ¿Ya te regresaron _____ (your) composiciones?

10. El equipo _____ (yours, tú) perdió anoche.

II. Escriba una oración con cada una de las siguientes palabras.

1. nuestro

2. tuya

3. sus

4. mis

5. suyo

6. mías

7. tus

8. mía

9. nuestras

Los pronombres posesivos

Se llaman pronombres posesivos a los que indican a qué persona pertenecen los sustantivos que representan.

Ahí vienen los caballos: el mío es azabache; el tuyo, pinto, y el suyo blanco.

Las formas del pronombre posesivos son las siguientes:

Mine	**el mío la mía los míos las mías**
Yours	**el tuyo la tuya los tuyos las tuyas**
Yours, His/Hers	**el suyo la suya los suyos las suyas**
Ours	**el nuestro la nuestra los nuestros las nuestras**
Theirs	**el suyo la suya los suyos las suyas**

Los pronombres posesivos concuerdan en número y en género con el sustantivo que reemplazan.

Mis libros están allí.   Llegó nuestra carta.
Los míos están allí.   Llegó la nuestra.

En caso de ambigüedad con los pronombres el suyo, la suya, etc., se utilizará una frase aclaratoria.

Para aclarar: Los suyos llegaron ayer.
Se escribe: Los de María llegaron ayer.

Con el artículo neutro **LO**, el pronombre posesivo tiene el siguiente significado:

Lo mío no lo juego.
That which is mine I don't play. (gamble)
I don't gamble that which belongs to me.

El gobierno quiere lo nuestro.
The government wants that which is ours.

Actividades

I. Llene el espacio con la forma correcta del pronombre correspondiente a la frase entre paréntesis.

1. Aquél que está allá es _____ (mi libro).

2. Dicen que quieren inspeccionar _____ (nuestra casa).

3. _____ (tu casa) es más grande, pero_____ (mi casa) es más cómoda.

4. ¿Cuáles son _____ (tus lápices)?

S. Necesito que llames a _____ (tus parientes).

6. ¿Tú ya recibiste _____ (lo que te pertenece)?

7. Mi perro corrió mucho, pero _____ (tu perro) llegó primero

8. Para evitar problemas regrésale _____ (lo que le pertenece).

9. _____ (mi computadora) está descompuesta.

10. Mi escuela queda más lejos que _____ (tu escuela).

II. Escriba una oración con cada una de las siguientes palabras y expresiones.

1. el mío

2. nuestras

3 tus

4. las tuyas

5. lo nuestro

6. el suyo

7. mis

8. el nuestro

9. el suyo

10. sus

Expresiones problemáticas con la M y la N

I. Aunque el sonido de la M y de N es claramente distinto en posición intervocálica tiende a confundirse en el español hablado de ciertas partes.

visitamos   visítanos
traemos   tráenos

Tenga especial cuidado con las formas del imperfecto como:

traíamos y veíamos

II. Reglas para el uso de la M y de la N:

A. Antes de la P y B se escribe M.

empacadora sembrar relámpago también

B. Antes de la D, F, M y V se escribe N.

enfatizar andando envidia enmascarar inmolar

C. La N es una de las tres consonantes que se pueden doblar en español. Otras consonantes que pueden doblarse por escrito son C y R.

acción sección distracción innecesario

perenne innato carril prerrequisito

Recuerde que ninguna otra consonante, excepto estas tres, se pueden doblar en español. No existen en español: MM, SS, TT, BB, etc.

Recuerde también que la Ll no es una consonante doble, sino una letra con su propio sonido.

Actividades

Llene el espacio con M o con N y escriba una oración con la palabra.

1. en__ ohecer   6. tra__ poso
2. co__ pas   7. co__ fieso
3. en__ oblecer   8. e__ vilecer

4. sole__ne   9. te__pestad
5. e__buste   10. presta__os

Interferencias del inglés

A. Algunas palabras que se escriben con **MM** en inglés, se escriben con **M** en español. Escriba el equivalente español de las siguientes palabras.

1. community   6. grammar
2. communicate   7. committee
3. common   8. commentary
4. hammock   9. commerce
5. ammonia   10. recommend

B. Una serie de palabras que empiezan con **IM** en inglés, se escriben con **IN** en español. Escriba el equivalente español de las siguientes palabras.

1. immediate   6. imminent
2. immigrant   7. immunize
3. immortal   8. immature
4. immense   9. immigration
5. immune   10. immoderate

C. Varias palabras que se escriben con **NN** en inglés, se escriben con **N** en español. Dé el equivalente español de las siguientes palabras.

1. annals   5. annotation
2. annex   6. anniversary
3. annual   7. connection
4. to annul   8. to announce

Actividades

Llene el espacio con **M, NM**, o **N**, segun convenga.

1. co___unidad   6. co___unismo

2. i___adurez   7. i___ensidad

3. co___emorar   8. co___ectar

4. co___isario   9. a___otar
5. i___ediatamente   10. co___andante

Edad: 81 años
Afición: La lucha libre

Raúl Reyes, un luchador de 105 kilos de peso, recibió de lleno la embestida del rival, voló fuera del ring y aterrizó sobre el pie izquierdo de doña Virginia Aguilera viuda de Medina:
-Disculpe usted, no lo hice a propósito- murmuró el aturdido Reyes.
-No tengas cuidado. Te veías precioso volando por los aires- dijo la dama.

La señora sólo perdió la compostura rato después, al observar que junto al pie golpeado se le formaba un charco de sangre. En los vestidores de la Arena Coliseo, una de las catedrales de la lucha libre en el D.F., le entablillaron el pie sin molestarse en quitarle media y zapato, y en la Cruz Verde la enyesaron con premura; tres días más tarde, un médico particular rompió el yeso, limpió la herida y de milagro salvó a la señora de la gangrena.

No ha sido esa la única herida recibida en combate por doña Virginia, una vivaz octogenaria que desde hace más de 45 años asiste sin falta a los espectáculos de lucha libre en alguno de los principales escenarios dedicados a ese espectáculo en el D.F. En otra ocasión el diabólico Chino Chon, de 103 kilos de peso, cayó sentado en el regazo de doña Virginia. La butaca de la dama se partió en dos y a doña Virginia tuvieron que operarle las rodillas y extraerle decenas de astillas que se le incrustaron en muslos y asentaderas. Otra vez fue un efecto de carambola: un luchador se estrelló contra otro, éste rebotó y golpeó contra doña Virginia, con tan buena suerte que a la señora sólo se le astilló un brazo.

Ahora la octogenaria tiene butacas reservadas a perpetuidad en las mejores ubicaciones de las tres principales arenas del D.F. (la México, la Coliseo y la Revolución), y las paga sin chistar aunque no las utilice, como ocurre cuando viaja al estado de México a ver luchas femeninas, que están prohibidas en la capital, o la provincia, en especial a su nativa Guadalajara. Primero para lograr un privilegio, y luego para conservarlo por décadas, doña Virginia ha tenido que batallar contra toda clase de influyentes, y ganarse con ruegos y simpatía la protección de los Luteroth, (por tres generaciones los zares de la lucha libre en el D.F.) y el apoyo del escritor Luis Spota, máxima autoridad de esta clase de deportes en la capital.

(Contenido)

Actividades

I. Sustituya una palabra de la columna izquierda por la correspondiente a la de la derecha.

1.	silla	a.	vestidor
2.	guapo	b.	herida
3.	con prisa	c.	premura
4.	en las piernas	ch.	butaca
5.	hilera	d.	regazo
6.	tarima	e.	astillas
7.	empleo	f.	carambola
8.	partera	g.	fila
9.	el cuarto de vestir	h.	lona
10.	importante	i.	apuesto
11.	lesión	j.	influyente
12.	rebote	k.	oficio
13.	punzón	l.	lezna, herramienta con punta
14.	alumbramiento	ll.	comadrona
		m.	parto

II. Encuentre qué palabra de la columna izquierda es el antónimo (el significado opuesto) de la columna derecha.

1.	particular	a.	fresco
2.	diabólico	b.	horrible
3.	lograr	c.	público
4.	precioso	ch.	divino
5.	sudoroso	d.	perder

III. Describa su deporte favorito o el fanatismo deportista de algún conocido(a). (100 palabras).

IV. ¿Cree usted que los deportes escolares deban disfrutar de un presupuesto mayor que las clases académicas? ¿Por qué sí o por qué no? (100 palabras).

CAPITULO XV

El imperfecto de subjuntivo

El imperfecto de subjuntivo se forma tomando como base la tercera persona plural del pretérito y sustituyendo la terminación **ron** por **ra** o **se** más las desinencias según el siguiente esquema.

Infinitivo	Pretérito	Imperfecto de subjuntivo	
Traer	Trajeron	trajera	trajese
		trajeras	trajeses
		trajera	trajese
		trajéramos	trajésemos
		trajerais	trajeseis
		trajeran	trajesen
Venir	vinieron	viniera	viniese
		vinieras	vinieses
		viniera	viniese
		viniéramos	viniésemos
		vinierais	vinieseis
		vinieran	viniesen

Nota: La terminación "RA" es la que más se usa en Hispanoamérica y la que se verá aquí.

II. El imperfecto de subjuntivo se usa en oraciones subordinadas sustantivas, adjetivas y adverbiales que por las normas generales llevan subjuntivo. La diferencia está en la secuencia temporal.

> Norma necesitaba que le pagaran.
> Temí que vinieras.
> Comerían en cuanto llegara José.

Observe que la acción principal puede ser anterior: (necesitaba, temí), puede anticipar el futuro (Comerían).

III. Después de **como si** se usa el imperfecto de subjuntivo.

> Cantaban como si fueran ranas.
> Se porta como si estuviera en su casa.

IV. El imperfecto de subjuntivo se usa para indicar cortesía con los verbos **querer, poder** y **deber** como sustituto del condicional.

¿Quisiera usted venir mañana?
¿Me pudiera dar su dirección?
Usted debiera preocuparse menos.

Actividades

I. Reescriba las siguientes oraciones cambiándolas al pasado.

Ejemplo: Me alegro que maneje usted.
            Me alegraba que manejara usted.
            Me alegré (de) que manejara usted.

1. Espero que termine su lección para mañana.

2. Quiero que usted me preste más atención.

3. Le sugiero que se ponga a dieta.

4. No me gusta que usted me alce la voz.

5. Me temo que esto me ocasione acidez estomacal.

6. Estoy buscando una novia que me quiera más.

7. Aquí no hay nadie que toque el piano.

8. No creo que ese ruido sea la puerta.

9. Dice que los pases en limpio.

10. Trabajaré para que me paguen.

II. Llene el espacio con la forma verbal correcta del verbo en paréntesis.

1. Te pido que no me _____ (pedir) más favores.

2. Mientras usted _____ (portarse) bien no tendrá dificultades.

3. Carlos corre como si _____ (ser) un galgo.

4. Te suplico que me _____ (prestar) un diccionario.

5. El policía me ordenó que _____ (tener) más cuidado.

6. Era extraordinario que nosotros_____ (brincar) la cerca.

7. Es imposible que tú me _____ (querer).

8. ¡Ay te pido que _____ (acabarse) La bamba!

9. No había nadie aquí que _____ (saber) sánscrito.

10. Los veré tan pronto _____ (poder).

III. Escriba una oracion utilizando las siguientes formas.

1. llorara
2. hasta que
3. tradujera
4. como si
5. sufriera

6. a fin de que
7. exigiera
8. calentara
9. pudiera
10. pidiera

Adverbios y adjetivos de comparación
Comparación de desigualdad

I. Las comparaciones que indican desigualdad se hacen a base de las construcciones más . . . que y menos que . . . Se comparan nombres, adjetivos, y adverbios.

Hay más tazas que platos en esa vajilla. (nombres)
Irma es más bonita que inteligente. (adjetivos)
¿Hay alguien más bella que Cenicienta? (adjetivos)
Habla más rápidamente que Julio. (adverbios)

Nota: Cuando hay una comparación implícita en las expresiones "más (menos) que" no se necesita un segundo verbo como en inglés.

Trabajo más que tú.
I work more than you **do**.

II. Cuando se compara un número o una cantidad se usa más de y menos de.

Tráeme más de una docena de huevos, no seas tacaño.

Nota: Con los números, "no . . . más que" significa sólo.

"No traigo más que tres dólares", significa,
"Sólo traigo tres dólares".

Pero: "No traigo más de tres dólares", significa
"Traigo tres dólares o menos".

III. La expresión "más (menos) de" se usa para expresar una cantidad mayor o menor de un límite dado.

Carlitos no tendrá más de cinco años.

IV. Al comparar dos oraciones se usará "**de + un artículo definido + que**" según el siguiente esquema.

DE LOS(LAS). . . QUE compara nombres:

Tiene más zapatos de los que puede usar en un año.

DE LO QUE compara adjetivos o adverbios:

El invierno aquí es menos frío de lo que se cree.

DE LA QUE, DEL QUE compara sustantivos o adjetivos

Tendrás más dinero del que pensábamos.

V. En las comparaciones se utilizan también **mejor** (better), **peor** (worse), **mayor** (older, larger), **menor** (younger, smaller).

En los cien metros Lidia es mejor que Lupe.
Este paquete es mayor que aquél.

VI. El equivalente inglés de **El (LA) MEJOR, PEOR** es "the best, the worst."

   La mejor corredora ganó.

Actividades

I. Llene el espacio con la forma correcta "del que, de la que, de los que, de las que, de lo que" según convenga.

1. Quieren más espacio _____ _____ tienen.

2. Hizo más llamadas _____ _____ necesitaba hacer.

3. Trabajó menos _____ _____ se suponía.

4. Tengo más años _____ _____ te imaginas.

5. Nos da más tarea _____ _____ podemos hacer.

II. Escriba una oración con cada una de las siguientes expresiones.

1. mejor que   6. peor que

2. menos de   7. no más que

3. más de lo que   8. más que

4. del que   9. de los que

5. más de dos años   10. de la que

Comparación de igualdad

I. Las expresiones que se utilizan para comparaciones de igualdad son: **TAN ... COMO, TANTO (A) COMO, TANTOS (AS) ... COMO**. Se pueden comparar sustantivos, adjetivos y verbos.

Algunos no estudian tanto como debieran. (Se compara el verbo estudiar)

Mamá tiene tantas canas como papá. (Se compara el sustantivo canas)

Víctor escribió tantos reportes como yo. (Se compara el sustantivo reportes)

Ana es tan veloz como Pedro. (Se compara el adjetivo veloz)

Observe que si lo que se compara es un adjetivo, se usa tan. Si son dos verbos se usa tanto. Si son dos sustantivos, se usa tanto según su concordancia.

II. Otras construcciones de igualdad son "tanto (s) ... cuanto (s)", y "cuanto ... más ... más"

> Tantos poemas escribe cuantos libros lee.
> Cuanto más estudia más aprende.

Nota: La segunda expresión se expresa también así:

> Mientras más estudia más aprende.
> Entre más estudia más aprende.
> "The more ... the more"

Actividades

I. Escriba una oración con cada una de las siguientes expresiones.

1. tan ... como

2. tantas ... como

3. tanto ... como

4. cuanto más ...más

5. tantas ... cuantas

6. cuanto ... tanto

7. tanta ... como

8. mientras menos ... menos

9. tantas ... como

10. mientras más ... más

Telenovelas venezolanas se imponen en los EUA

Todo comenzó cuando la telenovela venezolana "Leonela", de la escritora Delia Fiallo, hipnotizó a millones de televidentes hispanoamericanos de los Estados Unidos. Luego llegó la historia de la frágil y voluntariosa cieguita, "Topacio", que mantuvo también por meses a todo un pueblo, a determinada hora, dentro de sus hogares.

El éxito de estas dos novelas de la señora Fiallo impusieron récord de televidentes. Se considera que en la categoría de telenovela superó a series norteamericanas tan populares como "Dinastía" y "Dallas"

Los resultados son palpables. Se ven. Los canales de televisión latinos de los EE UU, que mantenían en casi toda su programación historias hechas en México o Argentina, han puesto sus ojos--y su interés--en la televisión venezolana.

En estos momentos, en una de las más importantes ciudades estadounidenses, Miami, donde su población en una enorme proporción es latinoamericana, se están televisando más de diez telenovelas y miniseries hechas en Venezuela. Este hecho significativo ha llevado a que los artistas, que forman parte del reparto de las historias televisadas, se hayan convertido en verdaderos ídolos del público.

Las puertas de la popularidad se han abierto totalmente, logrando que los cantantes puedan vender sus grabaciones y que sean aplaudidos en muchos centros nocturnos donde se presentan. Otra línea, también lucrativa, se le ha abierto a las estrellas de las telenovelas. Hacer anuncios comerciales para la televisión, radio, y presentarse en distintos comercios, respaldando con su popularidad las ventas de esas empresas.

Carlos Olivier, el galán de "Leonela", es hoy un popular presentador de un programa de cine para la television, y es la imagen de un conocido centro médico, anunciado en la TV. Víctor Cámara, Grecia Colmenares, Cecilia Villarreal, Amalia Pérez Díaz, Carlos Mata, Gualberto lbarreto, el grupo "Daiquirí", Guillermo Dávila, Rudy Márquez, son figuras venezolanas que gozan del aplauso del público de Miami.

Otra telenovela, "Amazonas", también venezolana y presentada como una "Dinastía" y una "Dallas" latinoamericana, con Eduardo Serrano e Hilda Carreño como protagonistas, va camino del triunfo logrado por sus antecesoras "Leonela" y "Topacio".

(Vanidades)

Actividades

I. Sustituya una palabra de la columna izquierda por la correspondiente a la de la derecha.

1. televidentes	a)	palmotear
2. voluntariosa	b)	aviso
3. telenovela	c)	proteger, apoyar
4. hogar	ch)	acción de vender
5. éxito	d)	sostener, guardar
6. categoría	e)	dominar
7. población	f)	aventajar, vencer
8. hecho	g)	los que ven televisión
9. reparto	h)	caprichosa
10. grabación	i)	relato episódico
11. aplaudir	j)	registro de sonidos en un
12. anuncio (comercial)		disco
13. respaldar	k)	casa familiar
14. venta	l)	triunfo
15. mantener	ll)	popularidad
16. imponer	m)	gente
17. superar	n)	suceso (evento)
	ñ)	elenco
	o)	colección, distribución

II. Escriba una respuesta a las siguientes preguntas.

1. ¿A qué se debe el crecimiento en la popularidad de telenovelas venezolanas?

2. ¿Cómo se han beneficiado de este fenómeno los cantantes y las estrellas?

III. Si tuviera usted el poder de cambiar algo, ¿qué programas de televisión cambiaría o modificaría usted y por qué? (150-200 palabras)

Repaso capítulos XIII, XIV, XV

I. Llene el espacio con la forma correcta del infinitivo en paréntesis.

1. Le aseguro que es importante que usted_____ (llegar) temprano.

2. Mucho me temía que Elsa no _____ (poder) cumplir esa promesa.

3. Le inquieta que tú _____ (venir) tan tarde.

4. Dudábamos mucho que ella _____ (ser) millonaria.

5. Es halagador que ustedes me _____ (mandar) flores.

6. No era cierto que yo _____ (dudar) de ti.

7. Comimos en cuanto _____ (llegar) la pizza.

8. Nunca he visto a una cigüeña que _____ (traer) un niño.

9. Necesitaba a alguien que _____ (saber) danés.

10. ¿No había teatros que _____ (ofrecer) función tarde?

II. Escriba una oración con cada una de las siguientes expresiones. Recuerde que en algunos casos se puede o no usar el subjuntivo.

1. a menos que

2. mientras

3. aunque

4. para que

5. antes que

6. en cuanto

7. Busco a alguien que ...

8. como si

9. cuando

10. Es preciso que ...

III. Llene el espacio con L, Ll, o Y según convenga.

1. embote__o   6. a__ egoría

2. desarro__aste
3. para__e__o
4. a__ergía
5. El constru__ó

7. zambu__es
8. contro__able
9. destru__es
10. pro__ector

IV. Llene el espacio con el equivalente español de la expresión entre paréntesis.

1. Nos ofrecieron una cena _____ (our) tías.

2. Sólo te puedo ofrecer _____ _____ (that which is mine).

3. Creo que te gustara leer _____ (my) versión.

4. Esta casa es _____ (hers).

5. Mi mamá es más enérgica que _____ (yours).

6. Aquí esta tu libro. _____ (mine) no lo encuentro.

7. Ven aquí _____ (immediately).

8. Isela quiere _____ _____ (as many dolls as) las que hay en la tienda.

9. Aunque no lo creas, yo soy _____ _____ (as intelligent as) tú.

10. Patricia es _____ _____ (taller than I).

11. Mi ingreso _____ (annual) es limitado.

12. Te prometo que estudiaré _____ _____ (as much as) sea necesario.

V. Complete las siguientes oraciones.

1. Es imprescindible que ...

2. Iré tan pronto como ...

3. No creo que yo ...

4. Me prohibieron que ...

5. Espero que ...

6. Con tal que ...

7. para que ...

8. en cuanto ...

9. sin que ...

10. Dudo mucho que .

CAPITULO XVI

Los tiempos compuestos del subjuntivo
El presente perfecto de subjuntivo

El presente perfecto de subjuntivo se forma con el presente de subjuntivo del verbo **haber** y el participio pasado.

Poner   haya puesto, hayas puesto, haya puesto, hayamos ..., hayáis ..., hayan

El presente perfecto de subjuntivo se usa en los mismos casos que el presente de subjuntivo pero para expresar una acción acabada antes de la acción de la oración principal.

Oración principal	Oración subordinada anterior a la principal
Me dará mucho gusto No creo	que lo haya terminado. que haya ido Pepe al cine.
Me da gusto Será excelente	que hayas estudiado tanto. que hayan hecho eso.

Actividades

I. Llene el espacio con la forma correcta del presente perfecto de subjuntivo.

1. No es bueno que te _____ _____ (acostar) tan tarde.

2. No sabremos hasta el lunes próximo lo que _____ _____ (decidir) el comité.

3. Buscan a alguien que _____ _____ (ver) el accidente.

4. Es raro que _____ _____ (hacer) tanto calor hoy.

5. No creo que Juanita _____ _____ (pasar) ese examen.

6. Dudo que tú _____ _____ (escribir) esa carta.

7. El no creerá que lo _____ _____ (devolver) nosotros.

8. Me alegrará que ella _____ _____ (consultar) el diccionario.

9. Es dudoso que _____ _____ (llover) la semana pasada

10. Espero que para las ocho tú _____ _____ (cenar).

Pluscuamperfecto de subjuntivo

El pluscuamperfecto de subjuntivo se forma con el imperfecto de subjuntivo de **haber** y el participio pasado del verbo principal.

Romper   hubiera roto, hubieras ..., hubiera ..., hubiéramos ..., hubierais ..., hubieran

El pluscuamperfecto de subjuntivo expresa una acción pasada realizada antes de otra acción pasada

No me imaginaba que hubieras salido tan temprano.

Observe que debe haber un pasado en la oración principal.

Usos del pluscuamperfecto de subjuntivo

I. Recuerde que después de "**como si**" se usa el pluscuamperfecto o el imperfecto de subjuntivo.

Habla como si lo hubiera sabido de antemano.

II. Se usa como sustituto o equivalente de **deber de haber + participio pasado** en oraciones principales.

Hubieras traído más pan.   (Debiste de haber traído más pan)

Lo hubieras pensado antes. (Lo debiste de haber pensado antes)

Actividades

I. Llene el espacio con la forma correcta del presente perfecto de subjuntivo o del pluscuamperfecto de subjuntivo según convenga.

1. Me dio gusto que tú_____ _____ (sacar) una A.

2. Es imposible que ellos_____ _____ (alcanzar) ese tren.

3. (Tú) _____ _____ (comprar) más azúcar.

4. Se portaba como si_____ _____ (ser) reina.

5. ¿Te sorprendió que yo no _____ _____ (acabar)?

6. Necesitábamos un piloto que _____ _____ (estar) en esa región.

7. ¿Te alegras que yo me _____ _____ (caer)?

8. Aunque lo vea, no creeré que ellos _____ _____ (ganar).

9. Se irá sin que nosotros la _____ _____ (ver).

10. Ella quería que yo _____ _____ (ir) al baile.

II. Escriba una oración con cada una de las siguientes expresiones.

1. hubiera exigido

2. él haya salido

3. hubiéramos comido

4. usted haya sido

5. Elena hubiera dejado

6. hubieras dicho

7. yo haya cubierto

8. el profesor haya explicado

Los verbos Ser y Estar

El verbo inglés "to be" tiene dos equivalentes en español **ser** y **estar**.

Una de las diferencias básicas entre estos dos verbos es su uso con adjetivos.
Se usa **ser** para diferenciar al sujeto.

1.   La sopa de ese restaurán es buena.
      The soup at that restaurant is good.

      La sopa está buena hoy.
      The soup is good today.

2.   Petra es floja. (perezosa)
      Petra is lazy.

      María está muy floja desde que tiene novio.
      Maria is (appears to be) lazy since she has a boyfriend

3.   ¿Cómo eres?
      What are you like?

      ¿Cómo estás?
      How are you?

4.   El político es rico.
      The politician is rich.

      Está rico porque ganó la lotería.
      He is rich because he won the lottery.

Observe que se usa SER para expresar una cualidad o condición que es
esencial al sujeto. Esta condición distingue al sujeto de todos los demás.

        1. es buena, 2. es floja, 3. ¿Crees tú?, 4. es rico

Se usa **estar** con los adjetivos para indicar que el sujeto ha sufrido o puede
haber sufrido un cambio.

        1. está buena (hoy)

        2. está floja (desde que)

        3. ¿estás? (¿qué cambio hay hoy?)

4. está rico (ha cambiado su situación)

En estos casos el sujeto ha adquirido recientemente la característica indicada.

En algunos casos el uso de **ser** o **estar** modifica el significado del adjetivo.

Nicolas es listo. Nicolas is smart.	Nicolas está listo. Nicolas is ready.
El profesor es aburrido. The professor is boring.	El profesor está aburrido. The professor is bored.
Los pepinos son verdes. The cucumbers are green.	Los pepinos están verdes. The cucumbers aren't ripe.
José es vivo. José is smart.	José está vivo. José is alive.
Este cuarto es fresco. This room is (usually) fresh.	Este cuarto está fresco. This room is cool (now)

Joaquin es un fresco.
Joaquin is bold (brazen)

Actividades

I. Escriba una oración utilizando correctamente cada una de las siguientes expresiones. El significado debe quedar claro.

1. está inservible

2. es buena

3. estaría amable

4. estaban listos

5. haya sido

6. hubiéramos estado

7. habría estado

8. estarán verdes

9. será aburrido

10. es un fresco.

Otros usos de ser

1. Se usa **ser** para unir el sujeto y un sustantivo o pronombre y dos infinitivos.

Cantar es vivir un poco.   La culpable es ella.
El papá de Jorge es abogado.   El cantante es ése.

2. Antes de preposición **ser** tiene los siguientes significados. **Ser de** indica posesión, origen, material. **Ser para** indica un destinatario.

La mesa es de madera. El libro es tuyo. María es del Perú.

Este regalo es para ti.

Observe que también es posible el uso de **estar** antes de preposición.

Está sin dinero. Está de viaje.

3. Para expresar la hora del día.

Son las tres y todavía no sabemos nada de él.
Era la una y media cuando llegó el tío Pepe.

4. Para expresar el sitio o el tiempo en que tiene lugar un evento.

La fiesta es a la tarde.
La reunión es en casa de Ana.

Observe que aquí **ser** es sinónimo de ocurre o sucede.

Otros usos de estar

1. Para indicar la posición o localidad de algo o alguien.

Mis zapatos están en el ropero.
Tu esposa está en mi casa platicando con la mía.
El paciente está bocabajo.

2. Se usa **estar** con ciertas expresiones como:

Estar de: venta, buenas (malas), buen (mal) humor, vacaciones, regreso (vuelta) acuerdo, pie, bruces (bocabajo), rodillas, espalda(s); desempeñar un oficio o profesión en general, (actuar como ...), de viaje, más (sobrar), luto (duelo por alguna muerte), fiesta.

Estar a: oscuras(ignorar), al caer (a punto de suceder), sus órdenes, 22 de enero (¿a qué fecha estamos?), cien pesos el kilo.

Estar en: vísperas (corto tiempo antes), eso (quedar en eso), todo (atenderlo todo sin problema), (en) encinta (embarazada) mí, ti (tengo, tienes el poder de actuar), cuclillas (sentado sobre los talones)

3. Se usa **estar** con **por** y **para**:

Estoy por comprar ese coche
(Estoy casi determinado a comprar ...)

La verdadera revolución está por hacer.
(La verdadera revolución no está hecha aún)

Está para salir.
(Está próximo a salir; se dispone a ...)
Estar para presidente. (Está nominado o listo para ser ...)

Recuerde que "ser para" tiene un significado distinto.

Estas flores son para ella.

4. Se usa **estar** con el **gerundio** para formar la conjugación progresiva.

El estaba leyendo y nosotros estábamos viendo llover.

Actividades

l. Llene el espacio con la conjugación correcta del tiempo apropiado de SER o ESTAR.

1. Me voy. Yo _____ de más en esta casa

2. Dime si tu hermana _____ una mujer bella.

3. ¿Ayer tú _____ pensando en mí?

4. El caballo de Rafael _____ negro azabache.

5. El auto patinó porque el pavimento _____ mojado

6. Según el mapa, Boca Ratón _____ en la Florida.

7. ¿ _____ usted seguro que dos más dos _____ cuatro?

8. ¿Dices que éste _____ el perfume más costoso?

9. El hombre exclamó: ¿Qué _____ eso?

10. Después del partido, el equipo ganador _____ alegre

11. No me podré comer esas manzanas porque _____ verdes

12. Me canso al _____ de pie por mucho tiempo.

13. No creía que Norma _____ tan difícil.

14. Aunque yo no _____ de vacaciones, _____ de viaje.

15. ¡Qué bueno que Carlos _____ tan listo!

16. Toda la gente salió temprano del partido, ¿Cuál _____ el marcador final?

17. Me habían dicho que el regalo ya _____ envuelto

18. El césped todavía _____ por cortarse.

19. ¿A cuántos _____ ? _____ a cuatro de julio.

20. Dicen que desde jóvenes, Yul Brynner y Telly Savalas ya _____ calvos.

II. Escriba una oración utilizando correctamente cada una de las siguientes expresiones.

1. es a la tarde

2. está de maestra

3. es de poliéster

4. sería la una

5. estaría de cuclillas

6. haya estado de

7. hubieran sido para

8. está triste

9. estaba para

10. será para

Ser y Estar con el participio pasado

I. Se usa **estar** con el participio pasado para indicar el resultado de una acción.

> La puerta está abierta.
> (El estado de la puerta es el resultado de la acción de abrirla; ha sido abierta.)

> Las luces estaban apagadas cuando entramos al salón. (El estado de las luces es el resultado de la acción de apagarlas; habían sido apagadas.)

> La calefacción estaría encendida a las ocho.
> (Alguien la encendería antes de ese tiempo; probablemente había sido encendida.)

II. Se usa **ser** con el participio pasado para formar la voz pasiva indicando que la acción tiene lugar en el momento en que se habla.

> El globo es observado por la niña.

La voz pasiva se verá más adelante en las páginas 259-62.

Otros ejemplos del uso de esta forma verbal son:

> La puerta fue abierta casi al llegar nosotros.

Las luces fueron prendidas cuando llegué.
Las luces serían encendidas cuando entráramos.
Esa cuenta será pagada cuando queramos.

Observe que en estas oraciones la acción abrir, prender, encender y pagar ocurre o ocurrirá al mismo tiempo que la otra acción.

Actividades

I. Llene el espacio con la forma correcta de SER o ESTAR.

1. Hace frío y el cielo _____ nublado.

2. Cuando llegué, vi que la casa de Olga _____ rodeada de rosales.

3. Señores, pasen al comedor, la cena _____ servida.

4. Vimos cuando el fugitivo _____ rodeado por la policía.

5. Al llegar, el coche ya _____ lavado.

6. Eran las doce del día. Hacía un calor insoportable y la ropa _____ tendida al sol.

7. La antorcha olímpica _____ traída de Atenas el próximo mes.

8. Cien años de soledad _____ publicada en 1967.

9. Al regresar notamos que las niñas _____ dormidas

I0. _____ cinco para las seis; la mesa ya _____ puesta.

Sustitutos de Ser y Estar

Los verbos **ser** y **estar** se usan con tanta frecuencia que es bueno recordar que hay otros verbos que funcionan como sustitutos de ellos.

1. Pablo está jugando.   Pablo se encuentra jugando.
                                      Pablo se halla jugando.
                                      Pablo juega.

2. Ese es mi lápiz.	Ese lápiz me pertenece.
3. ¿Qué hora es?	¿Qué hora tiene?
4. La sopa está buena.	La sopa sabe bien.
5. La casa está pintada.	La casa se pintó. La casa se halla pintada. La casa se encuentra pintada
6. Raúl es médico.	Raúl se recibió de, Raúl se graduó de, Raúl terminó sus estudios de
7. Juan es listo.	Juan tiene viveza, sagacidad

Actividades

I. Reescriba las siguientes oraciones sustituyendo los verbos SER y ESTAR por otros verbos equivalentes.

1. Las puertas están abiertas.

2. Isa está enferma.

3. Estarían en casa de Angel.

4. La joven escritora estaba de viaje.

5. La mesa fue servida a las nueve en punto.

6. Dudo mucho que ella esté trabajando en un día como éste.

7. Alejandro está en México desde hace un mes.

8. Antonieta es instructora de esquí acuático.

9. Como no había sillas, la gente estaba en cuclillas.

I0. Es un maestro exitoso. Está en todo.

Expresiones problemáticas con **R** y **Rr**

1. La **R** tiene un sonido áspero o fuerte en posición inicial.

   Ricardo religión raqueta redondo

2. Tiene el mismo sonido fuerte después de la **N**, **L**, **S** y **B**.

   Enrique Israel alrededor subrayar

3. Cuando la **R** aparece entre dos vocales tiene un sonido débil. Si se quiere reproducir el sonido áspero en posición intervocálica, haya que doblar la R y escribir [**rr**].

para	parra
pero	perro
encerar	encerrar

4. De la misma manera hay que doblar la **R** en palabras compuestas para que mantenga el sonido inicial:

rector	Vicerrector
requisito	prerrequisito
ropa	guardarropa

Actividades

Llene el espacio con R o con RR y escriba una oración **con cada palabra.**

1. a__ ollo
2. co__upcion
3. en__ aízado
4. son__ isa
5. co__equisito

6. caje__o
7. puerto__iqueño
8. ence__ ar un piso
9. Vi__ ey
10. ocu__e

Diario de una víctima de robo de auto

Cada día son robados en el D.F. y alrededores un promedio de 100 automóviles, o sea 3,000 al mes. De esos vehículos, sólo uno de cada 3 son alguna vez recuperados, y obtener la devolución de tales autos suele costar tiempo, dinero y exasperación. A Mauro Rodríguez, un vecino de Echegaray, Méx., le tocó este año vivir esa experiencia: lo que sigue es una síntesis del diario que elaboró durante la odisea.

Día 1: Hoy a las 10 de la mañana, a la puerta de mi casa, Martín, un empleado, arreglaba un detalle del auto familiar cuando se le acercaron 2 empistolados: -Si te mueves, te mueres -le dijeron antes de arrebatarle el vehículo. Nuestro fraccionamiento está rodeado de casetas de policía pero los ladrones no tuvieron problemas para huir, a pesar de que su camino pasa frente a uno de los puestos de vigilancia.

Pocos minutos más tarde llegué a la casa, me explicaron lo sucedido y con Martín fuimos a formular la denuncia a la caseta policial más cercana. De allí mismo me comuniqué con la compañía de seguros. El resto del día se fue en formalizar denuncias, narrar los hechos una y otra vez y describir y volver a describir los detalles.

Día 2: Tuvimos una nueva reunión con el ajustador de la compañía de seguros. Después de repasar otra vez los detalles del robo, nos anunció que debemos obtener un oficio o "carta de colaboración" de la policía judicial de Naucalpan, documento donde deben constar los datos de nuestra denuncia del robo.

Día 3: Mi esposa, que figura como propietaria del auto robado, fue por la "carta de colaboración".

Día 4: Mi esposa perdió todo el día tratando infructuosamente de conseguir una copia del acta de denuncia del robo elaborada por el Ministerio Público, documento que también nos es demandado por la compañía de seguros.

Día 5: Mi esposa consiguió la copia del acta: sólo tuvo que pagar 3,000 pesos.

Día 6: Llamó el comandante de la judicial de Naucalpan: ¡Detuvieron a los ladrones y recuperaron el coche! Martín debe ir a identificar a los hampones. Pero el ajustador de la compañía de seguros nos previene: aunque los reconozca, debe decir que nunca los ha visto, para evitarse graves problemas.

Día 7: Efectivamente, eran los ladrones. Martín no tiene dudas. Pero, siguiendo el consejo del ajustador de la compañía de seguros, negó reconocerlos. Los judiciales quedaron muy conformes y, a continuación, le mostraron a Martín nuestro coche, que al parecer está intacto. Hoy mismo nos llamaron del Ministerio Público: mi mujer debe ir mañana con todos los documentos que acreditan la propiedad del vehículo, y ya.

Día 8: Llevamos todos los papeles del coche y esperábamos recibir las llaves, pero un licenciado nos dijo: -Muy bien: sólo que el coche ya no está aquí, sino en el reclusorio de Barrientos. Tienen que ir mañana por el vehículo.

Día 9: Mi mujer y una amiga, abogada, que la acompañó, invirtieron medio día en localizar el expediente de nuestro caso y presentar los documentos ante el juez que entiende de la causa contra los ladrones. Pero no consiguieron la devolución del auto: el vehículo, les explicaron, es parte del "cuerpo del delito" y hace falta como prueba para poder condenar a los ladrones. Dentro de una ó dos semanas, tal vez... Yo me resigné y hoy renté un auto, indispensable para mi trabajo, aunque no sé cómo podré pagarlo.

Día 10: (Dos semanas más tarde) ¡Los reos ya están convictos! ¡Mañana mismo nos devolverán el coche, la prueba que los hundió!

Día 11: Casi, casi nos entregan el coche, pero en el último minuto descubrieron que faltaba un oficio del Ministerio Público con la debida autorización para recoger el vehículo. ¿Dónde elaborar tal documento? Muy fácil: ahí nomás, enfrente, en un escritorio público donde ya saben cómo hacerlo. Cobraron sólo 500 pesos (sin recibo) pero entregaron únicamente 2 copias, y eran necesarias 3. La tercera copia hubo que sacarla en la tienda de junto, que sólo cobró 100 pesos, sin recibo. ¡Mañana nos entregarán el auto!

Día 12: Estuvimos allá a las 11 y antes de las 2 de la tarde, todo un récord, ya estaba listo el machote con la descripción del vehículo. Sólo faltaba fotocopiarlo, en la tienda de ahí enfrente, y entregarlo, para recibir a cambio un escrito, dirigido al C. Delegado de Tránsito de Naucalpan y en el cual se solicita oficialmente la devolución del vehículo.

Día 13: Mi mujer y Martín llegaron temprano a la Delegación de Naucalpan pero el auto no estaba allí. En cambio los mandaron a una dirección en el otro confín del municipio. Cuando al fin hallaron el lugar descubrieron que no era una dependencia oficial sino un negocio de grúas, particular. Allí los conminaron a pagar 24,800 pesos por uso de grúa y estacionamiento. Como no llevaban dinero, tuvieron que regresar sin el coche.

Día 14: Hoy fuimos con el dinero. Pagamos y nos dijeron que ahora sí podíamos retirar el auto. Pero ya no estaba ahí, sino en un estacionamiento. ¿Dónde? En tal dirección; a sólo 30 ó 40 kilómetros de distancia.

Nos tomó medio día hallar el "estacionamiento" (más parecía un tiradero de basura) pero al fin llegamos. Ahí estaba el auto, pero no pudimos traerlo, porque no arrancó: tiene una bateria inservible en reemplazo de la nueva que yo le había colocado una semana antes del robo; las vestiduras, también nuevas, están arruinadas porque la lluvia se le metió durante 20 días por las ventanillas, que a nadie se le ocurrió cerrar. Le faltan los espejos, molduras y adornos; le falta la llanta de refacción y la herramienta; y tiene rines herrumbrados y chuecos en vez de los flamantes, de magnesio, que yo le había colocado.

Día 15: Hoy volví con una bateria nueva pero tampoco logré hacerlo arrancar. Mañana iré con un mecánico.

Día 16: Hoy fui con el mecánico. Con una grúa nos llevamos el auto. Ya es mío, pero no funciona. El mecánico me pasará un presupuesto.... Mientras tanto, sigo con mi coche rentado, y sigo sin saber cómo lo pagaré. En fin: mañana presentaré a la compañía de seguros todos los comprobantes de gastos ocasionados por el robo, así como el presupuesto del mecánico; seguramente me cubrirán buena parte de lo gastado, ya que mi seguro era de la más amplia cobertura.

Día 17: La compañía de seguros no pagará nada. Explicaron que el auto no me fue robado sino que fui víctima de un asalto, eventualidad no prevista en la póliza. Decidí vender el coche al mecánico, quien me ofreció la mitad de lo que vale.

(Contenido)

Actividades

I. Escoja la palabra de la columna izquierda que corresponda a la de la derecha.

1. alrededores	a. prisionero
2. soler	b. empezar un auto
3. te tocó	c. proscrito; al margen de la ley
4. empleado	ch. vecindario
5. empistolado	d. oficiales federales
6. arrebatar	e. quitar
7. fraccionamiento	f. que lleva pistola
8. repasar	g. documento legal
9. datos	h. estacionamiento para autos recogidos por la policía
10. infructuosamente	i. repuesto de llanta
11. hampón	j. sumergir
12. prevenir	k. círculo de metal para llanta
13. judiciales	l. hacer algo a menudo
14. reclusorio	ll. hechos
(corralón, lote)	m. encontrar, hallar
15. localizar	n. cercanías
16. reo	ñ. fue su suerte
17. hundir	o. sin éxito
18. oficio	p. trabajador
19. machote	q. contrato de seguro
20. confín	r. evitar
21. grúa	s. estimación del costo del proyecto
22. conminar	t. no derecho, ilegal
23. arrancar un auto	u. máquina que levanta y transporta pesos
24. llanta de refacción	v. horizonte, límite, borrador (muy hombre)
25. rin(es)	x. volver a estudiar algo
26. presupuesto	y. amenazar

27. póliza
28. chueco

II. Escriba un comentario o respuesta a la siguiente aseveración. (150 palabras)

"El robo de autos no es un fenómeno aislado o exclusivo de ninguna ciudad o país. En la mayoría de las grandes metrópolis occidentales finiseculares se ha convertido en una triste realidad."

III. Escriba una respuesta a la siguiente pregunta. (100 palabras)

¿Cree usted que una víctima de robo de auto pueda pasar estos problemas en la ciudad donde usted vive? ¿Por qué sí o por qué no?

IV. Escriba una narración sobre algún robo que haya sufrido usted o algún conocido y los pasos que tuvo que seguir para recuperar lo perdido o para reportarlo. (150 palabras)

CAPITULO XVII

Oraciones condicionales

Las oraciones condicionales consisten de una cláusula principal y una subordinada. La principal expresa el resultado de la condición, mientras que la condicional manifiesta la condición.

Condición	Resultado
Si Rosa quiere,	vamos al parque.
Si Rosa quiere,	iremos al parque.

La secuencia de tiempos en este tipo de oraciones es la siguiente:

Oración Subordinada	Oración Principal
1. Indicativo (Excepto futuro)	**Indicativo o imperativo**
Si llueve	no salgo
	no salgas
Si llovía	no salía
Si había llovido	no salía
Si llovió	no salió
Si ha llovido	no salgas
	no salgo
Si había llovido	no salía

2. Imperfecto de Subj.	**Condicional Simple.**
Si lloviera(se)	no saldría.

Nota: El presente de subjuntivo no se usa en las oraciones subordinadas con SI.

3. Pluscuamperfecto de subj.	**Condicional compuesto subjuntivo o Pluscuamperfecto de Subjuntivo.**
Si hubiera(se) llovido	no habría salido, no hubiera(se) salido.

II. Si la condición sugiere o especula sobre su resultado, si es posible pero menos probable o problemática la realización de la condición, se usará el imperfecto o pluscuamperfecto de subjuntivo.

Si nos preparáramos más, haríamos mejor papel.
Si hubieras visto esa película, no habrías podido dormir.

Recuerde que el condicional puede ser usado en otros contextos.

El jugador dijo que vendría temprano.

Recuerde también que el condicional se usa para efectuar ruegos y hacer peticiones de cortesía.

¿Podría usted venir más temprano?

Actividades

I. Llene el espacio con la forma correcta del verbo en paréntesis.

1. Si nadamos hoy, nos _____ (sentir) mejor.

2. Nos haríamos paletas, si _____ (hacer) más frío.

3. Correría más, si _____ (tener) el tiempo.

4. Si esa madera _____ (estar) seca, no pesaría tanto.

5. Llegaremos a las ocho, si yo _____ (manejar).

6. Si fue a la playa, no me _____ (avisar).

7. Me casaría contigo si me _____ (dar) un pozo petrolero.

8. Avísame si ellos no _____ (poder) ir.

9. Te aseguro que si tú _____ (traer) tus discos, nos _____ (divertir).

10. Nos habríamos hecho famosos, si _____ (traducir) ese libro.

II. Escriba una oración utilizando cada una de las siguientes expresiones.

1. si hubiera subido

2. si puedo dormir

3. te acostarías

4. nos habríamos encontrado

5. si me prestaras

6. irías a la luna si

7. traería

8. si me sintiera mejor

9. si no satisficieras los requisitos

10. si hubiéramos puesto

La voz pasiva

La voz pasiva es una forma verbal en la cual el sujeto no es el que ejecuta la acción (el agente), sino el que la recibe (recipiente).

Voz Activa	Voz pasiva
Juan cantó la canción.	La canción fue cantada por Juan.
Raúl trajo las sillas	Las sillas fueron traídas por Raúl.
Tito escribió el poema.	El poema fue escrito por Tito.

La construcción de la voz pasiva sigue el siguiente patrón.

Sujeto/recipiente	Ser + Participio P.	Por + Agente
La canción	fue cantada	por Juan.
Las sillas	fueron traídas	por Raúl.
El poema	fue escrito	por Tito.

Observe que el verbo ser funciona como adjetivo en estas construcciones y concuerda con el sujeto/recipiente. La frase por + agente puede ser excluida si no se quiere identificar al que hace la acción. Si se omite, queda implícito que alguien no identificado lo ha hecho: **El poema fue escrito.**

Observe también que esta construcción es posible si existe un objeto de complemento directo: **La canción, las sillas, el poema.**

Nota: El verbo **ser** puede estar en cualquier tiempo verbal. Esta construcción pasiva se usa poco en el español moderno coloquial.

Actividades

I. Convierta a la voz pasiva las siguientes expresiones.

1. Mi gato caza ratones.

2. El policía multa al chofer.

3. Cervantes escribió la primera parte del Quijote en 1605.

4. El ladrón robará las joyas de la señora Pacheco esta noche a las doce.

5. Los niños sacaron al gato de su escondite.

Voz pasiva refleja.

La voz pasiva refleja se usa frecuentemente cuando no existe un agente o cuando la identificación de éste no importa.

El árbol se cayó durante la tormenta.
Las papas fritas se quemaron.
Se necesitan secretarias.
Se implementaron las leyes de tránsito.

Observe que en la voz pasiva refleja hay concordancia entre el recipiente/sujeto y el verbo.

Actividades

I. Convierta las siguientes expresiones a la voz pasiva refleja.

1. ¿Servirán vino en este banquete?

2. Buscan la felicidad.

3. Necesitan empleados en ese restaurán.

4. Ese libro fue escrito el año pasado.

La voz pasiva impersonal

La voz pasiva impersonal corresponde a las construcciones verbales inglesas "they", "you", "one", "it". Al igual que en la pasiva refleja el agente no se expresa.

> Se necesita secretarias.
> Se vende coche nuevo.

Observe que el verbo aparece siempre en la tercera persona singular.

Si el verbo no va seguido de ningún sustantivo, va siempre en la tercera persona singular.

> Se vive bien en la Argentina.
> Se come bien aquí.
> Se sirve de dos a cuatro.
> Se piensa que el hombre americano vino de Asia.

Nota: No todos los verbos admiten la voz pasiva. Solamente aquellos que acepten complemento directo. (Verbos transitivos)

Actividades

I. Escriba una oración utilizando correctamente cada una de las siguientes expresiones.

1. se necesita	6. se cumplirá
2. se duerme	7. Eres odiada
3. se queman	8. se bebió

4. se venden   9. se olvidaron

5. se cura   I0. se trajo

Preposiciones

I. Quizá uno de los problemas más difíciles en cuanto a las preposiciones sea el de su traducción de una lengua a otra.

llegar a	to arrive at
viajar por	to travel in, by way of, around
comer en	to eat at
soñar con	to dream with
pensar en	to think (about)
en la fiesta	at the party
en ese momento	at that moment
estar enamorado de	to be in love with

Algunos verbos que en inglés van seguidos de una preposición tienen como equivalente en español un verbo sin preposición ya que en español el significado de la preposición está incluido en el verbo.

Estoy buscando una silla.   Esperaré el autobús.
I am looking for a chair.   I will wait for the bus.

Excepción: Cuando la preposición en español no es parte del verbo sino del complemento.

Lo esperé (por) una hora.
Lo busqué por todas partes.

III. Recuerde que cuando el complemento directo de un verbo se refiere a una persona específica se debe usar **A** antes.

Queremos sólo a unas personas que tengan medios.

Si no se refiere a una persona o no se es específico no se usa A.

Necesitamos las mesas chicas para hoy.

IV. Las preposiciones POR y PARA se traducen a menudo al inglés como FOR. No las confunda.

A. Principales significados de PARA

I. Denota el destino de una cosa.

silla para montar   lápiz para escribir
cuchillo para carne   medicina para la tos
balota para votar   papel para dibujar

II. Se usa para al expresar el fin con que se hace algo:

Practico para mejorar.   Estudio para aprender.
Hago dieta para adelgazar.   Ahorro para mi vejez.

III. Se usa **para** al expresar una comparación que se sale de las normas aceptadas.

Para ser extranjero habla bien el inglés.
Para ser tan joven sabe mucho.

IV. Para indicar que una cosa merece otra.

El clima de California es para disfrutar de la vida.
Ese libro es para encarcelar a su autor.

V. Se usa para indicar un plazo.

Para el quince de mayo habré pagado mi deuda.
Estará aquí para Navidad.

VI. Indica la proximidad de un suceso.

Está para terminar el pintor.
Mi padre estaba para llegar.

Observe que a PARA le sigue un complemento directo.

Principales significados de POR.

I. En las oraciones pasivas se antepone al sustantivo que expresa quién ejecuta la acción.

Estas cartas fueron escritas por tu amigo.

II. Expresa la causa, razón o motivo de alguna cosa.

Voy a Disneylandia por su fama.
Patricia se diferencia de Lulú por su dinero.

III. Es equivalente a "en calidad de" "con el carácter de".

Con el Sr. Pérez por profesor, no tendrá problemas.

IV. **Por** equivale a "en concepto de".

Toda su vida fue tenida por loca.

V. **Por** + infinitivo tiene el significado que una acción está por suceder o a punto de suceder.

La casa está por barrer.
Los coches están por lavarse.

VI. **Por** significa medio.

Terminó por la ayuda de su amigo.
Ascendió por recomendación de un jefe.

VII. **Por** quiere decir lo mismo que "en favor de", "en vez de".

La mujer hablará por el hombre.
El abogado aparecerá por el reo.

VIII. Con un infinitivo repetido, separado con POR, quiere decir que la acción se ejecuta con el propósito exclusivo de hacer lo que el verbo indica, sin esperar consecuencias.

Hablar por hablar.   Trabajar por trabajar.

IX. Con un sustantivo repetido, separado con POR, significa una locución comparativa.

Libro por libro, prefiero <u>Anónimo</u>.

X. A veces denota la idea de sucesión.

Leí el libro hoja por hoja y línea por línea.

XI. Se usa en las expresiones que señalan porcentaje.

el seis porciento

XII. Puede significar la cantidad de dinero recibida a cambio de una mercancia.

Daré el coche por dos mil dólares.

XIII. **Por** expresa el trueque o cambio de una cosa por otra.

Doy mi perro por tu escopeta.

XIV. Antes de un adjetivo enfatiza su significado y sugiere oposición.

Por grande que sea tu hermano, no le tengo miedo.

XV. Se usa **por** para denotar una duración temporal.

Iremos a España por un mes.

XVI. **Recuerde** que el uso de POR o PARA altera notablemente el significado de la expresión.

Por la mañana lo tiene.   You'll have it in the morning.
Para mañana lo tiene.   You'll have it by tomorrow.

Anda por aquí.   He is around here.
Anda para aquí.   He is walking toward here.

Tres por cuatro son doce.   Three times four is twelve.
Tres para diez son siete.   Ten minus three is seven.

Voy por Tijuana.   I am going via(around) Tijuana.
Voy para Tijuana.   I am going to Tijuana.

Trabajo por mi familia.   I work on account of my family.
Trabajo para mi familia.   I work for my family.

Actividades

I. Llene el espacio con la preposición equivalente en español a la que aparece entre paréntesis.

1. Fui _____ (after) el chico que me insultó.

2. No pongas los platos calientes _____ (on) la mesa.

3. _____ (at) la reunión te presentaré a mi cuñada.

4. Fui _____ (as far as) el centro y regresé en diez minutos.

5. _____ (at) ese instante el coche estaba abierto.

6. _____ (even) los niños se enteraron del suceso.

7. No protejas _____ (that) ladrón.

8. Ese niño sabe mucho _____ (for) su edad.

9. Felipe nunca ayuda _____ (no one) nadie.

10. Las obras de Juan indican un gran amor _____ (for) Dios.

11. El próximo invierno viajaremos _____ (through) Chile.

12. ¿_____ (for) qué camino vamos?

13. Tus esfuerzos _____ (for) mejorar la pronunciación son beneficiosos.

14. ¿Cuántas horas _____ (for) semana trabaja usted?

15. Yo no vendería ese mueble _____ (for) nada.

16. Estuve en Africa _____ (for) dos años.

17. Rayuela fue escrita _____ (by) Julio Cortázar.

18. No amigo, no puedo. Yo sólo trabajo _____ (by) hora.

19. Salimos y comimos _____ (at) un restaurán chino.

20. _____ (because of) eso no quiero ir.

Las preposiciones dobles

Las preposiciones dobles no son inhabituales en español. Algunas de las más usadas son las siguientes:

1. De entre unas matas salió.

2. De por sí es malo.

3. Cogió el tenedor de sobre la mesa.

4. Estuvo aquí desde por la mañana.

5. Ese hombre habla hasta por los codos.

6. Te portas mal hasta con los amigos.

7. Por de pronto estudia.

8. Venía caminando por entre la multitud.

9. Tiene muchas consideraciones para con su padre.

Las letras mayúsculas

I. Igual que en inglés, las letras mayúsculas se usan al principio de un escrito, y después de punto. Se usan también para los nombres propios de persona y nombres geográficos.

El Colorado es un río que nace en Estados Unidos y desemboca en México.

II. A diferencia del inglés no se usan mayúsculas en español.

a) Con los días de la semana, meses o estaciones del año.

> Héctor llegó el viernes 5 de mayo.
> La primavera llega en abril.

b) Con los adjetivos referentes a nacionalidad o a religión.

> Los peruanos y los mexicanos jugaron ayer.
> Los católicos y los protestantes se reúnen hoy.

c) Con los nombres de los idiomas.

> El español y el portugués se parecen mucho.

III. Algunas reglas básicas del uso de mayúsculas en español.

a) Con los nombres que expresan títulos, atributos o apodos.

> El Redentor resucitó al tercer día.
> El Tigre de Santa Julia.
> La Marquesa de Salsipuedes.

b) Con las abreviaturas de títulos como usted, señor, don, doctor, presbítero, licenciado, ingeniero, etc.

> El Dr. Gutiérrez y el Ing. Ramírez vinieron hoy.
> La Sra. Patiño y la Dra. Chacón jugaron canasta.

c) Si un nombre propio consta de un sustantivo calificado por uno o más adjetivos, o de varios sustantivos, todos los nombres sustantivos o adjetivos que componen el nombre propio se escribirán con mayúsculas.

> Escuela Nacional Preparatoria.
> Historia de la Literatura y del Arte Dramático en España.

d) Con los nombres de instituciones y corporaciones.

> El Tribunal Supremo.   Banco de Comercio.
> Secretaría de Hacienda.   El Colegio Militar.

e) Se escribirá con mayúscula el nombre colectivo de instituciones como:

el Estado   la Iglesia   las Fuerzas Armadas

f) Con la primera palabra del título de un libro, de una obra teatral o cinematográfica o de un artículo.

Lo que el viento se llevó.
Cien años de soledad.

g) Después del signo de admiración o interrogación se escribirá con mayúscula la siguiente frase, excepto en el caso de frases cortas.

El maestro preguntó al alumno ¿qué tienes?
Le palpó la frente y lo mandó a casa.

¡Por Dios, señora, tranquilícese! Tómese esta pastilla.

Pero: ¿Qué haces aquí? ¿Cuándo llegaste?

h) En el caso de la **Ch** y **Ll**, sólo la primera letra será mayúscula.

Chihuahua   Enrique Llorente

Actividades

I. Reescriba las siguientes oraciones poniendo o quitando mayúsculas según sea necesario.

1. El humo irritante de los Angeles no molestó a los Uruguayos.

2. Los católicos y los protestantes Irlandeses aún no hacen las paces.

3. El "Diario de las Américas" publicó un artículo sobre La muerte de Artemio Cruz.

4. El periquillo sarniento es una novela de "El pensador mexicano".

5. El jueves santo es un día importante de la Semana Mayor.

6. El escritor Chin Chin el Teporocho prepara una expedición al polo norte en Mayo.

7. El senado norteamericano no ha aprobado esa ley todavía.

8. Las cataratas del niágara están al este del país.

9. El túnel bajo el río paraná es un monumento nacional en argentina.

10. El rector de la universidad de méxico certifica: que el alumno Juan Bautista ...

11. "Emma Zunz" es un cuento sicológico del escritor Argentino Jorge Luis Borges.

12. Fuimos invitados por el club de leones de ponce.

13. Si usted sabe Alemán, tal vez se le facilitará el Ruso.

14. Los Israelitas y los Palestinos tendrán que aprender a convivir.

15. La opinión dice que su santísima visitó Centroamérica.

Madrid

¿Se imaginan una ciudad como Madrid cambiando y convirtiéndose en una capital modernísima y hasta avant garde? Bueno, no crean que esto va a significar que el ritmo de la vida española va a cambiar su sentido del buen vivir y sus tradiciones clásicas; sino que--de pronto, casi sin darnos cuenta--ha aparecido un nuevo Madrid ante los ojos del viajero.

Sí, ah, están todavía inalterables (¡gracias a Dios!) la belleza de los monumentos que todos conocemos. Ahí está la bellísima Fuente de la Cibeles, que nos da la bienvenida con gran elegancia cada vez que nos la encontramos de nuevo. La silueta de Correos; la Puerta de Alcalá, la majestuosidad del Paseo de la Castellana (pocas calles tienen su señorío y elegancia, y pocas calles son menos "alabadas" y glorificadas); la Plaza de España y su eterno Don Quijote; la Iglesia de los Jerónimos; la silueta del Museo del Prado y ¡el mundo antiquísimo y tan genuino de la Plaza Mayor y el Viejo Madrid!. También "presentes" las croquetas con patatas fritas de "California 47", y las gambas a la plancha de cualquier bar que se precie; y las locutoras que en "El Corte Inglés" y en "Galerías Preciado" no paran de anunciar cosas. ¡Y las exposiciones chinas! ¡Siempre hay alguna exposición de la China cuando visito Madrid, no importa en que época del año!

Pero, junto a todas las cosas conocidas, y que para el visitante frecuentemente son cosas "de casa", ha aparecido un Madrid joven y moderno, que pasa por un movimiento cultural "de moda" que llaman La Movida. Es el Madrid un tanto "progre", pero más sofisticado que el de hace unos 3 ó 4 años en que aparecieron nuevos diseñadores y sus boutiques como Adolfo Domínguez; Sybila; Purificación García y Agata Ruiz de la Prada. El Madrid de directores de cine como Pedro Almodóvar y actrices como Carmen Maura. El Madrid más informal, lleno de música y de ideas (¡aunque a veces no las compartamos!) que se encuentra en los cafés, bares y restaurantes de la Plaza del Angel y el Barrio de Chueca (el Café Central, con música de jazz de 10 p.m. hasta medianoche, es toda una experiencia del Madrid "a-la-moda-joven" típico de La Movida).

Sin ir más lejos, este Madrid nuevo--que hasta a los que más se quejan parece gustarles su poquito, ya que todos los sitios están llenos a tope, para no variar--no ha dejado atrás cosas tan civilizadas y elitistas, como son las meriendas a la hora del té en "Embassy" (señoras elegantísimas, con sus bolsos de "Loewe" y sus trajes de chaqueta impecables, junto a sus nietas vestidas con jerseys y pantalones modernísimos de "Don Algodón" y con bolsos de "Borega Veneta"). ¡Y también el ir a degustar los restaurantes de moda!

¿Cosas que han cambiado para su mal? El que ya la Gran Vía no sea aquella avenida "mágica", tanto de día como de noche, en donde nos sentábamos en los cafés al aire libre hasta las tantas. Ahora, en la noche el ambiente es un poco "extraño", y no invita a las tertulias de antes; las que se podían hacer en el Café Gijón, o en los "aires-libres" de la Castellana o de Serrano. También es atractivo el que todo el mundo hable de política sin cesar; aunque noto más madurez que hace 3 años, y a la gente más conservadora que en esos momentos de "efervescencia política". Los excesos de desnudos" y modernismos, aunque ¡ya hay más discreción que en el momento tope del llamado entonces "destape"!

(Vanidades)

Actividades

I. Escoja la palabra de la columna izquierda que corresponda a la de la derecha.

1. darse cuenta	a. camarones
2. sino que	b. probar
3. majestuosidad	c. lugar
4. croquetas	ch. charla-discusión
5. patatas	d. al límite, al máximo
6. gambas	e. atmósfera
7. preciarse	f. tenerse en algo
8. locutora	g. percatarse (tomar con ciencia)
9. época	h. al revés
10. compartir	i. con majestad; con realeza
11. se quejan	j. papas
12. sitio	k. anunciadora
13. a tope	l. segmento de tiempo
14. merienda	ll. disfrutar de algo en partes iguales
15. degustar	m. se lamentan
16. ambiente	n. alimento ligero por la noche
17. tertulia	ñ. chorizo a base de carne previamente cocinada

II. Escriba una respuesta a la siguiente pregunta. (100 palabras)

¿Le gusta más el nuevo Madrid que el viejo al narrador? ¿Por qué sí o por qué no?

III. Escriba una composición comparando el barrio donde usted vive ahora con aquél donde vivía cuando niño(a). (150 palabras)

CAPITULO XVIII

Los pronombres y adjetivos relativos

Frecuentemente al escribir nos damos cuenta que tenemos dos o más oraciones simples que lógicamente deberían de formar una sola oración compuesta. Esta oración evita la repetición y logra que nuestra escritura fluya con más soltura.

> Pepe vio el suéter. El suéter estaba en la tienda.
> Van a ir a la fiesta. La fiesta fue organizada por María.
> Lupe y Pedro son de Ecuador. Lupe y Pedro viven en Miami.

> Pepe vio el suéter que estaba en la tienda.
> Van a ir a la fiesta que fue organizada por María.
> Lupe y Pedro, quienes son de Ecuador, viven hoy en Miami.

Note que la oración compuesta se forma con un pronombre relativo, **QUE** y **QUIEN**. Este pronombre reemplaza a los nombres "el suéter", "la fiesta", y "Lupe y Pedro". Su función es evitar la repetición y permitir el fluir de la oración.

Observe además que los pronombres relativos se deben usar siempre en español. En inglés su uso es frecuentemente optativo.

> La novela que leímos no vale la pena.
> The novel (that) we read is not worthwhile.

> ¿Conoces al maestro con quien habla Patricia?
> Do you know the teacher (that) Patricia is talking with.

I. El pronombre relativo más usado es **QUE**. Se traduce como **THAT, WHICH, WHO, WHOM** y puede referirse a personas y a cosas. Este pronombre se usa en oraciones explicativas, "non restrictive" en inglés, y especificativas "restrictive" en inglés.

> Los estudiantes, que estaban aburridos, no pusieron atención. (Explicativa)

> Los estudiantes que estaban aburridos no pusieron atención. (Especificativa)

> Van a pintar las casas, que están deterioradas. (Explicativa)

> Van a pintar las casas que están deterioradas. (Especificativa).

> Se va a arreglar el coche, que está descompuesto. (Explicativa).

> Se va a arreglar el coche que está descompuesto. (Especificativa).

Observe en las frases anteriores que la oración especificativa selecciona (limita) al sustantivo antecedente: sólo los que estaban aburridos no pusieron atención; sólo van a pintar las casas que están deterioradas; sólo se va a arreglar el coche que está descompuesto.

Las oraciones explicativas no seleccionan, se limitan a informar. En la primera se nos informa por qué no pusieron atención los muchachos; en la segunda se explica o se sugiere por qué se van a pintar las casas; y en la última se explica por qué se va a arreglar el coche.

Note además que en las explicativas, no restrictivas, se deben usar comas.

Por regla general use QUE a menos que el relativo sea precedido por una coma o una preposición.

II. Generalmente no se usa QUE después de preposiciones de más de una sílaba.

El público delante del cual habló le aplaudió.
Los equipos contra los cuales jugaron eran débiles.

III. Las preposiciones **A, CON, DE, EN** y **POR** pueden ser seguidas de **QUE**.

La razón por que le dieron una multa fue que se pasó un alto.
El lápiz con que escribo es amarillo.

IV. El pronombre **QUIEN** sólo puede referirse a personas o a nombres personificados. Se usa en oraciones explicativas y especificativas.

¿Quién trajo pastel? (Especificativa)

La señora Ramírez, quien escribe ese libro, es amiga mía. (Explicativa)

Los doctores, quienes atendieron a mi madre, son españoles. (Explicativa).

Observe en las oraciones anteriores que **QUIEN** puede ser tanto sujeto (quién trajo), como complemento directo (quien escribe). Note también que **QUIEN** puede tener plural (quienes atendieron).

Los relativos 275

V. Después de una preposición, cuando el pronombre se refiere a una persona, se usará **QUIEN**.

La joven a quien conociste es mi novia. (Especificativa)

El señor Gutiérrez, a quien vimos ayer, es mi jefe. (Explicativa)

Mis amigos, para quienes hice este pastel, son italianos. (Explicativo)

Sin embargo cuando el pronombre no se refiere a una persona debemos usar QUE:

La mesa en que comemos es de caoba. (Especificativo). La puerta por que entré estaba abierta. (Especificativo).

Note además que la preposición **DE** antes de **QUIEN** tiene estos significados.

El hombre de quien te hablé está ahí afuera. (of whom)
¿De quién es esa pluma? (whose). Interrogativo.

VI. Después de preposiciones se puede usar **CUAL** (precedido del artículo definido apropiado) aun en oraciones especificativas.

La casa hacia la cual (que) me dirijo es blanca.

Los estudiantes a los cuales (que) viste ayer son amigos míos.

VII. Se usa **EL, LAS, LOS, LAS QUE**; y **EL, LA CUAL, LOS, LAS CUALES** en las oraciones explicativas para ser más preciso y evitar ambigüedades.

Ramiro visitaba a los políticos, los cuales (los que) eran amigos suyos.

El conferencista habló de su vida universitaria, la cual fue muy productiva.

La casa de la playa, la que (la cual) se dañó en el último terremoto, está de venta.

Note en las oraciones anteriores que el artículo acompaña a **CUAL**. Se escribe sin artículo cuando no se trata de relativos.

1. En frases interrogativas: ¿Cuál te gusta?

2. En frases dubitativas: No sé cuál de los dos escoger.

VIII. Se usa **QUIEN (ES)**, o **EL, LA, LOS, LAS QUE** cuando no hay antecedente previo para traducir **HE WHO, THOSE WHO**.

> El que no estudie, saldrá mal en el examen.
> Quien no estudie, saldrá mal en el examen.
> Los que (Quienes) quieran ir, que vayan.

IX. Para referirse a una idea o concepto se usa **LO QUE, LO CUAL**.

> No ha dejado de llover, lo cual (que) nos ha impedido sembrar.
> (Explicativa)

> Dime lo que quieras. (Especificativa)

Observe que en las oraciones explicativas se puede usar **LO QUE (LO CUAL)** y en las especificativas sólo **LO QUE**.

X. Las formas **CUYO, CUYA, CUYOS, CUYAS**, tienen carácter posesivo. Se traducen como **WHOSE**.

> El elefante, cuyos entrenadores vimos ayer, se murió hoy.

> El niño, cuya pluma se perdió, es mi amigo.

> Los pájaros, cuyo nido fue destruido por las ratas, regresaron la semana pasada.

Observe que **CUYO** concuerda en género y número con el sustantivo que modifica.

XI. Después de ciertas preposiciones la traducción de **CUYO** es **WHICH**.

En cuyo caso	In which case
Por cuyo motivo	For which reason
Para cuyo fin	For which end

Actividades

I. **Combine los siguientes pares de oraciones simples formando una oración compuesta.**

1. Le vendimos el coche al vecino. El vecino lo pagó con cheque.

2. La suegra de Juan preparó una gran cena. La suegra es italiana.

3. Los graduados hicieron un viaje alrededor del mundo. El viaje duró un mes.

4. Pepe no vino ayer. Pepe fue el capitán del equipo.

5. Las nuevas computadoras son capaces de múltiples operaciones a la vez. Las nuevas computadoras fueron diseñadas este año.

6. La mezcla de culturas es una característica básica de la sociedad norteamericana. Esta mezcla es más sueño que realidad.

7. Las lluvias causaron grandes daños. Las lluvias por lo regular no ocurren en este mes.

8. Los muchachos vieron a las amigas de Beatriz. Sus amigas viven en Londres.

9. En este libro se explican los pasos. Por medio de estos pasos se aprende a poner los acentos en español.

10. La casa de huéspedes fue destruida por el terremoto. El señor Martínez es el dueño de esta casa.

II. Llene el espacio con la forma correcta del pronombre o adjetivo relativo apropiado.

1. El vendedor en _____ confiaron, los engañó.

2. La maceta, _____ flores se marchitaron, ha sido devuelta.

3. El jefe político, de _____ te hablé, viene hoy.

4. La desorganización, de _____ padezco, me da muchos problemas.

5. Las herramientas, _____ pediste prestadas, me hacen falta.

6. El gato gordo, _____ ama soy yo, se enfermó.

7. Las lluvias, sin _____ no podríamos vivir, llegaron hoy.

8. _____ quieran ir al paseo, alcen la mano.

9. Este es el centro delantero, de _____ te hablé.

10. El hombre _____ hijo mayor ganó el premio, estaba feliz.

III. Escriba una oración utilizando las siguientes expresiones.

1. de los cuales	6. cuyas
2. quien	7. delante de la cual
3. que	8. cuál
4. los que	9. con que
5. la que	10. por cuyo

IV. Las siguientes oraciones tienen errores en el uso de los pronombres y adjetivos posesivos. Reescríbalas haciendo todas las correcciones necesarias.

1. Eso no fue que dije.

2. La Sra. Pérez, cual es mi tía, viene hoy.

3. El libro de Juan, quien es azul, es muy caro.

4. El coche, quien vimos ayer, es de mi hermano.

5. El chico quien te hablé estará mañana en el cine.

6. El señor quien te llamó está allí afuera

7. El profesor, que hijas som amigas mías, hablará esta noche.

8. Los libros de cual te hablé están en la biblioteca.

9. La perra gorda quien vino ayer está ladrando.

Palabras negativas y afirmativas

Hay una serie de pronombres, adverbios y conjunciones negativas en español que, junto con su correspondiente afirmativo, varían del inglés.

Afirmación		Negación	
algo	(some, something)	**nada**	(nothing)
todo	(all, everything)		
alguien	(someone, anyone)	**nadie**	(no one, nobody)
todos	(every, everyone, all)		
algún	(some, someone, any)	**ningún**	(no, not any)
alguno(a)	(someone)	**ninguno**(a)	(no, none)
alguna vez,			
algún día	(some time)	**nunca, jamás**	(never, ever)
siempre	(always)		
o (or)	**ni** (nor)		
o ...o	(neither ... nor)	**ni ... ni**	(neither...nor)
también	(also)	**tampoco**	(neither, either)

I. En una expresión negativa no debe haber más de una palabra negativa antes de cada verbo.

> No viene nunca nadie.   Nunca viene nadie.

Observe que si se deben usar dos palabras negativas, sólo una de ellas precede al verbo.

> No se habló nada de nadie.
> No dice nada nunca.

II. Alguno y ninguno pierden la "o" antes de un sustantivo masculino singular.

> No necesito ningún libro.
> ¿Vino a verme algún amigo?

Nota: La diferencia entre alguno y alguien es que alguno se refiere a un miembro de un grupo conocido al hablante y al interlocutor. Alguien se refiere a cualquier persona.

> ¿Vino alguno temprano? ¿Alguien vino tarde?

Observe que alguien y nadie se refieren siempre a personas.

III. La forma algunos y algunas es común, pero ningunos y ningunas son infrecuentes.

¿Quieres algunos tomates?   Aquí no hay ningún tocadiscos.

Ningunos se usa sólo con nombres que tienen la misma forma en el singular que en el plural:

No ha tomado ningunas vacaciones este año.

IV. La palabra **nunca** es común. **Jamás** es una negación rotunda.

Nunca vienes a verme.   Jamás pensé verme en esta situación.

Actividades

I. Cambie las siguientes expresiones a la forma negativa.

1. Deberían de comer algo hoy.

2. Paco o Felipe ararán la tierra mañana.

3. Te dije que alguien entró por la ventana.

4. Siempre habías pedido cerveza alemana.

5. Nos pidió que hiciéramos algunos ejercicios.

6. Algún libro debe tener esa información.

7. Algo dice alguien en alguna parte.

8. ¿Alguno de ustedes vio a Mariquita?

9. Usted también tiene que ir a la luna.

10. Algún día iremos a Marte.

II. Escriba una oración con cada una de las siguientes expresiones.

1. alguien   6. Alguna vez

2. ningún   7. tampoco

3. nadie   8. nada

4. nunca   9. ninguna

5. también   10. alguno

Puntuación

El punto

Como en inglés el punto indica una pausa y se usa en los siguientes casos:

a) Al fin de una oración o período completo:

> Vi al gato negro en el jardín.

b) Después de abreviaturas de títulos:

> Ud. (usted); Srta. (señorita); Ing. (ingeniero)
> Arq. (arquitecto); Lic. (licenciado, licenciada).

c) En la mayoría de los países de habla hispana se usa el punto en vez de coma para separar los miles.

> Las 1. 001 noches.   3. 000.000 de habitantes.

La coma

A. La coma indica una pausa menor que el punto y se usa en una serie o enumeración de nombres, de adjetivos y de verbos, excepto en el último, si este va unido con **E, Y, O, NI**:

No quiero flores, dulces ni tarjetas. Es guapo, joven, agradable e inteligente.

Al sonar la campana regresan los estudiantes, los vendedores limpian su área, y los conserjes barren el piso y recogen la basura.

Observe que en el último ejemplo es necesaria la coma antes de "y los conserjes" porque lo que se enumera es una serie de oraciones.

Note que este uso de omitir la coma antes de las conjunciones **E, Y, O, NI** al final de la oración es distinto al inglés.

B. La coma se usa para separar oraciones breves que funcionan como serie.

El burro rebuzna, la oveja bala, el caballo relincha.

C. Va entre comas el vocativo, la palabra o frase que se refiere a alguien o a algo ya mencionado.

Gabriel, tráeme un vaso de agua, por favor.

Me acordé mucho de ti, hermana, el día de tu santo.

D. Se usa también antes y después de oraciones explicativas.

Las chicas, que sabían la verdad, se asustaron.

Pero, recuerde que oraciones especificativas se omiten.

Las chicas que sabían la verdad se asustaron.
(Sólo las que sabían se asustaron)

E. Para evitar la repetición de un verbo cuando es fácil intuirlo. Esto es, para marcar la elipsis verbal.

El hombre trabajador obtiene su recompensa; el perezoso, su merecido castigo.

Unos caían por cansancio; otros, por la sed.

F. Antes de conjunciones adversativas en cláusulas breves.

Se lo supliqué, pero me ignoró.

Salieron a alta mar, a pesar del mal tiempo.

Debe usted ir, aunque no quiera.

G. Cuando se interrumpe el fluir natural de la frase con incisos.

En mi auto, es decir en el de mis padres, hay suficiente espacio.

No sé, en fin, qué debo hacer.

Actividades

I. Lea las siguientes expresiones y ponga punto o coma, según sea necesario.

1. No olvidemos nunca que la supremacía del espíritu ni las riquezas ni la salud, ni el poderío valen tanto como el dominio de sí mismo.

2. No es a mi gusto sino al de la persona que lo va a utilizar.

4. Fastidia pero paga bien

5. El gato está en la sala el perro afuera ladrando los peces en la pecera jugando.

6. Fueron a ese lugar a pesar de que se lo advertí.

7. Salieron temprano viajaron durante cuatro horas nadaron e hicieron lo que quisieron.

8. México que produjo 7,000,000 millones de barriles de petróleo el año pasado exportó un 70% de su producción.

9. Esa actriz es joven bella inteligente y muy talentosa.

10. Necesito tu ayuda en este proyecto amigo ven pronto.

Punto y coma

El punto y coma se usa para expresar una pausa mayor que la coma y menor que el punto. Se utiliza en los siguientes casos.

A. Para separar oraciones consecutivas largas, siempre que, por referirse al mismo asunto, formen parte de un mismo período.

Algunos jóvenes viven enamorados de sí mismos; pierden todo criterio para juzgar sus propios actos y los ajenos; el egoísmo los aprisiona; la ceguera espiritual los arrastra a olvidarse de sus semejantes.

B. Para separar oraciones consecutivas si éstas llevan en sí comas.

En la fiesta del Club Internacional era imposible entenderse: Unos hablaban armenio; otros, filipino; aquéllos coreano; los de más allá chino.

C. Antes de conjunciones adversativas, si las oraciones son largas.

Así es, dijo Juan Carlos; aunque yo sé que es injusto.

El ponente habló mucho; mas no dijo nada.

Dos puntos

Se usará dos puntos:

A. Después de expresiones de saludo y cortesía con que comienzan cartas y documentos.

Estimado amigo: Distinguido señor Ramírez:

B. Antes de citar textualmente lo dicho por otra persona cuando el hacerlo rompe el fluir de la oración.

Sé que me decía: "Pórtate bien y no hagas maldades".

Benito Juárez dijo: "El respeto al derecho ajeno es la paz".

C. Antes de una enumeración y después de las expresiones: los siguientes, por ejemplo, son, a saber, verbigracia.

El contenido de este paquete es como sigue: cinco lápices, tres cuadernos, un diccionario y dos gomas para borrar.

El Guión

El guión se usa para indicar que una palabra termina en la línea siguiente. Recuerde la división silábica en español (páginas 14-18) que es distinta de la del inglés.

Se usa también para indicar palabras compuestas:

La guerra franco-prusiana fue en el siglo XIX.

El partido demócrata-cristiano ganó las elecciones.

La Raya o Guión Largo

Se usa para indicar en los diálogos lo que cada cual dice.

--¿Qué te parece esa película?

--No sé. No la he digerido todavía.

Observe que este uso es distinto al inglés que utiliza comillas (") para indicar lo mismo.

El paréntesis, los puntos suspensivos, las comillas y los signos de admiración e interrogación.

A. El paréntesis encierra letras, palabras u oraciones aclaratorias sin enlace necesario con el resto de la oración.

Querida, mientras estudio (la lección es corta) ve a la tienda.

B. Los puntos suspensivos, "elipsis" en inglés, denotan silencio o interrupción y se usan cuando se calla algo sobrentendido o que no se quiere decir.

Haz lo que te digo, si no quieres que . . .
Después de tanto preparativo llegaron a la fiesta . . . tres personas.

Se usan los puntos suspensivos también cuando se omite algo en una transcripción. Estos puntos llaman la atención del lector a que se ha omitido algunas palabras o frases.

Como dice Octavio Paz en El laberinto de la soledad: Las norteamericanas proclaman también la ausencia de instintos y deseos ... La norteamericana oculta ciertas partes de su cuerpo.

C. En cuanto a las comillas la diferencia principal con el inglés es que el punto y la coma se ponen después, no antes de las comillas.

Pedro me dijo: "Tráeme una cerveza".
Pedro told me: "Bring me a beer."

D. Tocante a los signos de interrogación y admiración, se deberá poner un signo al revés antes de la expresión y otro al final en su forma normal.

Me preguntó sorprendido: ¿Usted no sabe qué hora es?

A diferencia del inglés estos signos pueden aparecer en medio de la frase.

Y además, ¿qué puedo esperar de ti?

E. El guión se usa en vez de la comilla en español para indicar diálogo.

--¿Qué te parece la última novela de Fuentes?

--No sé. No la he digerido todavía.

F. El guión puede usarse para sustituir a un paréntesis.

Querido amigo--dice uno de mis admiradores--usted no me convence totalmente.

Actividades

I. Ponga la puntuación correcta a las siguientes expresiones.

1. Las cinco partes del mundo son las siguientes Europa Asia Africa América y Oceanía

2. Estimado Sr Rodríguez (Encabezado de carta)

3. Le suplico a Ud me perdone la tardanza en contestarle Empleo más tiempo del que pensaba en visitar a los clientes El Sr Ing Martínez y el Dr Prieto cancelaron sus pedidos Sin embargo recibí pedidos de Guadalajara Jalisco, Saltillo Coahuila y Montemorelos Nuevo León.

4. Si quieres progresar si deseas el bien propio si eres honrado trabaja todos los días y gana el pan con el sudor de tu frente.

Actividades

I. Ponga la puntuación correcta en las siguientes expresiones.

1. No olvidemos nunca que la supremacía del espíritu ni las riquezas ni la salud, ni el poderío valen tanto como el dominio de sí mismo.

2. Joaquina pensaba llevar a la fiesta un vestido blanco María uno azul Pepita arreglaría uno que ya tenía para el cual había comprado algunos adornos.

3. No hay amor como el amor de madre no hay ráfagas de indiferencia ni de olvido que anublen el cielo de su ternura no hay gozo que compense el tormento de su corazón.

4. No es a mi gusto sino al de la persona que lo va a utilizar.

5. Fastidia pero paga bien.

6. Fueron a ese lugar a pesar de que se los advertí.

7. El gato está en la sala el perro afuera ladrando los peces en la pecera jugando.

8. Bien quisiera amigo mío darte el gusto de verme casado.

9. Salieron temprano viajaron durante cuatro horas nadaron e hicieron lo que quisieron.

10. Si quieres progresar si deseas el bien propio si eres honrado trabaja todos los días y gana el pan con el sudor de tu frente.

Tesoros

Nuestra Señora de Atocha

El 4 de septiembre de 1622, Nuestra Señora de Atocha y otros ocho barcos españoles se hundieron entre Cuba y la Florida durante una tormenta. A bordo del Atocha iban 550 personas y unas 47 toneladas de riquezas. Según los expertos, la embarcación más rica que ha naufragado en aguas de los Estados Unidos. Felipe IV, el entonces Rey de España, ordenó una búsqueda, pero las peligrosas corrientes hicieron que los intentos fueran en vano. Desde entonces, infinidad de aventureros han tratado de encontrar el tesoro . . . también en vano. El mar siempre se negó a devolver el botín del siglo XVII . . . hasta el 20 de julio de 1985.

Después de dedicarle 16 años a la búsqueda del galeón de tres mastiles, Mel Fisher, un "busca tesoros" profesional, lo encontró a poca distancia de Cayo Hueso, a unos 16 metros (54 pies) de profundidad. El largo proyecto le costó $15 millones de dólares, varias batallas jurídicas y la vida de tres personas, incluyendo su hijo, Dirk. El descubrimiento del Atocha marcó el décimo aniversario de su muerte.

Evaluado en $400 millones de dólares norteamericanos, la mayor parte del tesoro sigue en el fondo del mar. Un equipo de buceadores (empleados de **Treasure Salvors Incorporated**, la compañía fundada por Fisher hace 20 años para buscar tesoros) ha sacado 200 barras de plata, cada una de 37.5 centímetros (15 pulgadas) de largo con un peso de 32 kilos (70 libras)

Se calcula que quedan unas 1,000 barras, más joyas y monedas. Duncan Mathewson, el arqueólogo oficial de **Treasure Salvors**, dice que se demorarán aproximadamente dos años en sacar lo que queda porque es preciso fotografiar y analizar los restos del Atocha. "Es la primera oportunidad que hemos tenido en el Nuevo Mundo para estudiar un naufragio virgen. Gran parte del barco permanece intacto debajo del tesoro. Es como encontrar la tumba del Rey Tut".

Mientras tanto, 700 inversionistas esperan su recompensa. Mel Fisher posee el 5 por ciento de las acciones. El resto está dividido entre su tripulación y muchas personas que creyeron en él cuando el ex criador de pollos no tenía un centavo. "En los 14 años que llevo trabajando con Mel, mucha gente se ha burlado de nosotros", cuenta Sherry Culpepper, vendedora de acciones de los sueños de Fisher. "Una vez me pasé 13 semanas sin cobrar sueldo. Eso no era raro en los tiempos difíciles." Pero su suerte ha cambiado. Todos los que se arriesgaron serán pagados no en efectivo sino en barras de plata o monedas de oro. Pero tendrán que esperar un poco más porque, por ahora, lo que se ha recuperado se está exhibiendo en el museo que Fisher ha montado en Cayo Hueso.

(Vanidades)

Actividades

I. Escoja la palabra o frase de la columna izquierda que corresponda a la de la derecha.

1. embarcación	a. tardar, tomar tiempo
2. naufragar	b. despojos para el vencedor
3. búsqueda	c. salario
4 botín	ch. el que nada bajo el agua
5. buceador	d. hundirse un barco
6. equipo	e. nave, barco
7 demorar	f. conjunto de personas
8. sueldo	g. accion de buscar
9. arriesgarse	h. exponerse

II. Conteste las siguientes preguntas.

1. ¿Fue fácil hallar el tesoro de Nuestra Señora de Atocha? Escriba un párrafo explicando las peripecias que tuvo que pasar Mel Fisher para hallarlo.

2. ¿Le atrae a usted la profesión de buscatesoros? ¿Por qué o por qué no? Escriba un mínimo de cien palabras.

Repaso capítulos XVI, XVII y XVIII

I. Llene el espacio con la forma correcta del verbo en paréntesis.

1. Si no _____ (ponerse) a dieta, vas a reventar esos pantalones.

2. Me voy si tú _____ (seguir) gritando.

3. Si no _____ (bajar) el volumen, te _____ (volver) sordo.

4. Si yo _____ (ser) robot, no me _____ (cansar)

5. Se veía como si _____ (estar) cansado.

6. Si el _____ (estar) de vacaciones, lo _____ (haber) visto.

7. La vecina _____ (haber) llamado a la policía si _____ (haber) visto al ladrón.

8. Te sentirías mejor si _____ (reducir) 10 libras.

9. Si tú _____ (poder), _____ (estar) nadando.

10. Si _____ (venir), no lo vi.

II. Llene el espacio con la forma correcta de SER o Estar.

1. Canadá _____ situado en Norteamérica.

2. Sírveme hasta que el vaso _____ lleno.

3. ¿Dudas que mi reloj _____ de oro?

4. Anoche el pelo de Alicia _____ pintado por su madre.

5. Podemos patinar porque el lago _____ congelado.

III. Sustituya el verbo subrayado por un equivalente con el mismo significado.

1. El lago Titicaca está en Sud América.

2. No creo que sea tu culpa.

3. Lo hago para que estés contento.

4. Si no comiera tanto, Garfield no estaría tan gordo.

5. La mujer de hoy ya no está contenta con estar metida en la cocina.

IV. Cambie las siguientes oraciones a la construcción pasiva con SER o con SE según convenga.

1. La ambulancia condujo al herido al hospital.

2. Los estudiantes eligieron a su representante.

3. Ese restaurán sirve buena comida.

4. Sin querer rompí el florero.

5. Allí venden buena porcelana.

V. Llene el espacio con la preposición adecuada. En algunos casos existe más de una posibilidad.

1. El mes entrante pensamos viajar _____ Santo Domingo.

2. Los platos están sucios y las camas _____ tender.

3. Cenamos _____ un restaurán italiano.

4. Prepárate _____ que puedas triunfar.

5. Te veo mañana _____ la noche.

6. _____ más que miré, no vi _____ nadie.

7. Estoy _____ comprar una computadora.

8. Me gusta el café _____ azúcar.

9. El perro _____ Sonia tiene pulgas.

10. Mañana empezaremos _____ trabajar en la casa _____ Juanita.

VI. Llene el espacio con el pronombre o adjetivo relativo apropiado.

1. La mujer, _____ esposo estuvo aquí anoche, es mi prima.

2. Necesito el libro _____ te presté.

3. La señorita Ramírez, _____ fue mi profesora, se casó ayer.

4. Tráeme las copas azules, _____ compramos en la cristalería del centro.

5. Mis abuelos, _____ viven en Arizona, vendrán para mi cumpleaños.

VII. Haga las siguientes oraciones afirmativas.

1. No me vienes a ver nunca.

2. Tampoco me gustan las margaritas.

3. No quiero ni una ni otra.

4. Nadie canta nada.

5. Nunca trata de superarse.

VII. Corrija todos los errores.

1. La princesa margarita de inglaterra quien se halla en Francia cumplio 53 años.

2. Necesito que me traiga cuadernos tijeras papel y goma.

3. Hoy no es asi los sicologos afirman todo lo contrario.

4. Natalia dice solo cuando amo me siento realizada.

5. Los Ecuatorianos a quienes conociste en Europa estan aqui.

APENDICE

Abreviaturas y Siglas

a.	Area
abr.	Abril
a.C.	Antes de Cristo
A.C.	Año de Cristo
	Acción Católica
admon.	Administración
ag.	Agosto
a.m.	Ante Meridien,
	Antes del medio día
afmo.	afectísimo
art.	Artículo
atto.(a)	Atento (a)
Bs. As.	Buenos Aires
C	Celsius (grados centígrados)
cg.	Centígramo
Cía.	Compañía
cl.	Centilitro
cm.	Centímetro
Cod.	Código
cta.	Cuenta
c/u	Cada uno (a)
ch/	Cheque
D.	Don
dcha.	Derecha
dic.	Diciembre
doc.	Docena, Documento
dr., Dr.	Doctor
dra., Dra.	Doctora
E.	Este (punto cardinal)
ed.	Edición
EE. UU.	Estados Unidos
ene.	Enero
E. P. M.	En propia mano
E.U.A.	Estados Unidos de América

Exc.	Excelencia
F	Fahrenheit (grado)
f.c.	Ferrocarril
F.C.	Ferrocarril, Futbol Club
Fdez.	Fernández
feb.	Febrero
febr.	Febrero
ff. cc.	Ferrocarriles
fol	Folio
Fr.	Fray
fra.	Fractura
g.	Gramo
g.p.	Giro Postal
gral.	General
h.	Hora (s)
hnos.	Hermanos
i.e., (id est)	Esto es, por ejemplo
izq.	Izquierda
J.C.	Jesucristo
JHS	Jesús
jul.	Julio
jun.	Junio
l.	Litro
Ldo.	Licenciado
lib.	Libro, Libra
m.	metro, minuto (s)
mar.	Marzo
may.	Mayo
mm.	Milímetro (s)
m/n	Moneda Nacional
Ms., ms.	Manuscrito
Mtro.	Maestro
Mtra.	Maestra
N.	Norte

nov., novbre. Noviembre
ntro., ntra. nuestro(a)
núm. número

oct. Octubre
O.E.A. Organización de
Estados Americanos
O.N.U. Organización de
las Naciones Unidas

p. Página
pág. Página
P.D. Postdata
p. ej. Por ejemplo
pbro. Presbítero
prol. Prólogo

r.p.m. Revoluciones/minuto
Rte. Remitente

S.A. Sociedad Anónina
Sdad. Sociedad
S. en C. Sociedad en Comandita
s.a. Sin año (en libros)

sep., sept. Septiembre, Setiembre
sig. Siguiente
S.L. Sociedad Limitada
s/n Sin número
Sr. Señor
Sra. Señora
Sres. Señores
Srta. Señorita
S.S. Su Santidad
s.s.s. Su seguro servidor
Sto., Sta. Santo, Santa

tel., teléf. Teléfono
TV. Televisión

UNAM Universidad Nacional
Autónoma de México

v. Véase, Verso
Vd., Vds. Usted, Ustedes
v.gr., v.g. Verbigracia,
Por ejemplo
Vo. Bo. Visto Bueno, revisado
vol. Volumen

Vocabulario español-inglés

A

a to, at, for, from, in
abajo downstairs, below
abandonar to abandon
abierto (a) opened,
    open
ablandar to soften
abogado (a) lawyer
aborto m abortion
abrasar to burn
abrazar to embrace, to
    hug
abreviar to abbreviate
abreviatura abbreviation
abrigo coat
abrir to open
abstenerse to abstain
abstracto abstract
abuela grandmother
abuelo grandfather
aburrido bored, boring
acá here, over here
acabar to finish, to end,
    to complete
acampar to camp
acariciar to caress
acarrear to carry
accidente accident
acción action
aceite oil
acelerar accelerate
acento accent
acentuación accentuation
acentuar to accentuate
aceptar to accept
acerca, acerca de about
acercarse (qu) to approach
acertar (ie) to guess right
ácido acid
acidez acidity
aclarar to clarify
adolecer to suffer

acontecer to happen
acontecimiento event
acordar (ue) to agree
acordarse (ue) to remember
acostar (ue) to put in
    bed
acostarse to lie down,
    to go to bed
acostumbrar to be used to
actitud attitude
actividad f activity
activo active
actor m actor
actuar(ú) to act
acualón aqualung
acudir to go, to come
acuerdo (estar de) to agree
    de acuerdo (O.K.)
    de acuerdo con according to
acumular to accumulate
acumulador car battery
acumulativo cumulative
acusar to accuse
acusar recibo to acknowledge
    receipt
adaptar to adapt
adecuado(a) adequate
adelantar to advance
adelgazar to thin, loose weight
adelante ahead, forward
ademán m gesture
además de in addition to
adherir to adhere
adiposo (a) adipose
adjetivo adjective
adjunto enclosed
administración administration
admiración admiration
adolescencia f adolescence
adolescente m adolescent
alcatraz pelican, solan

adormecer to put to sleep
adonde, adónde where
adornar to adorn
adquirir acquire
aduana   customs
aérea adj. air
aeropuerto airport
afeitar to shave
aficionado (a) fan
    (as in sports)
afirmar to affirm
afueras f. pl. outskirts
agasajar to honor
agil agile
agitar to agitate
agradable pleasant
agradecido (a) grateful
agrícola m or f agricultural
agricultura agriculture
agua water
aguantar to resist, to
    endure
aguar to water down,
    to dilute
aguda (palabra) word with
    stress on last syllable
agudizar to intensify
agudo acute
agüero omen
águila m eagle
aguja needle
¡ah! oh!
ahí there
ahínco zeal, eagerness
ahijado godchild
ahora now
ahorita right now (now)
ahorrar to save (as in money)
ahorrativo thrifty
ahorro (cuenta de) savings account
ahumar to smoke meat
aire air
ají m green pepper
ala m wing
alacrán scorpion
álamo poplar
alcanzar to attain, to reach

alcázar castle, fortress
alce moose
alcoba bedroom
alegre adj. happy
alegrarse (de) to be glad
alegría happiness
alemán   German
Alemania Germany
alfabeto alphabet
alfiler pin
algo   something, anything
algodón cotton
alguien somebody, someone, anyone
algún some, any
alguno (a,as,os) any,
    some several
alimentar to feed
alimento food
aliviar to heal, to relief
    aliviado (a) healed
alivio relief
almacén store
almohada pillow
almorzar (ue, c) to have
    lunch (brunch)
alquilar to rent
alrededor around
alto high, stop
voz alta loud voice
alucinación hallucination
alucinar to hallucinate
alumbramiento lighting,
    birth
alumbrar to give off light
    (birth)
alumno student
alzar (c) to pick up
allá over there
allanar to smooth, level
allí there
amabilidad kindness
amable kind, nice
amanecer (zc) to dawn
amante m or f loving, lover
amapola poppy
amar to love
amarrar to tie

alce moose
ambiente atmosphere
ambigüedad ambiguity
ambos both
amenaza threat
amenazar to threaten
amenizar to entertain
amigo friend
amoniaco ammoniac
amor m love
amoríos love affairs
amortiguar to muffle
ampliar to extend
análisis analysis
ancho wide
andar to go, to walk
anexión annexation
anfitrión host
ángel angel
angustia anguish
anhelar to desire, to wish
anillo ring
aniversario anniversary
anoche last night
anochecer m dusk
ansia yearning, anxiety
ansiedad anxiety
ante before
anteayer day before
    yesterday
antemano beforehand
anterior preceding,
    previous
antes before
antier day before
    yesterday
antigüedad antiquity
antiguo (a) ancient
anular annul
anunciar to announce
anuncio announcement
anzuelo hook, bait
añadir to add
año year
apaciguar to calm down
apagar (gu) to turn off
aparecer (zc) to appear

angustiar to anguish
apartar to separate
apelativo surname
apellidarse to have a last name
apellido last name
aportar to put into, contribute
aportillar to open a hole
aporte contribution
apostar (ue) to bet
apoyo support
aprender to learn
apretar (ie) to press, to hold
    broaden
aprovechar to take advantage
    (aprovecharse)
aquel m that
aquél that (one), the former
aquelarre witches' sabbath
aquella f that
aquélla that (one); the former
aquello that
aquellos (as) those; the former
aquí here
aquiescencia acquiescence
arar to plow, to till
árbitro referee
árbol m tree
arbusto tree
ardilla squirrel
arduo (a) ardous
Argentina (la) Argentina
argentino (a) Argentinian
armario closet, wardrobe
armonía harmony
arpa harp
arpón harpoon
arrancar (qu) to start (a car)
arrastrar to drag
arrebatar to snatch
arreglar to fix
arrepentirse (ie,i) to repent
arrestar to arrest
arriba upstairs
arribar to arrive
aun even, including
aún still, yet
aunque although

aparentar to pretend
apartamento apartment
arrodillarse to kneel down
arroz m rice
arte m art
artista m or f artist
as m ace
asegurar to assure
así this way, like this
Asia (el) Asia
asignatura school subject
asiento seat
asilo asylum, orphanage
Asia (el) Asia
asiático (a) Asian
asiento seat
asignatura subject in
    school
asir to grasp, to seize
asistir to attend
áspero coarse, rough
aspirina aspirin
astilla splinter
astillar to splinter, chip
astronauta astronaut
asunto matter
asustar to frighten
atar to tie
ataúd m coffin
atenuar to attenuate
aterrizar to land
atestiguar to testify
atleta m or f athlete
atole m drink made out
    of cornmeal gruel
atenuar to lessen
atraer (g) to attract
atrapar to catch, to
    trap
atrasado outdated, behind
atravesar (ie) to cross
atreverse (a) to dare(to)
aula m classroom
aumentar to increase
aun even, including

auto car
autobús bus
automóvil m automobile
autopista freeway
avergonzar to shame
avergonzarse (üe) to be ashamed
avería damage
averiguar (ue) to find out
avión plane
avisar to inform
avistar to sight
ayer yesterday
ayuda f help
azúcar m sugar

B

Baca baggage rack
¡bah! expression of disbelief
    contempt
bailar to dance
bailarín dancer
baile m dance
bajar (de) to go down
bala bullet
balazo shot, bullet wound
banco bank, bench
bandera flag
bañar to bathe;
bañarse to take a bath
baño bath, bathroom
barda wall, fence
barato inexpensive
barba beard
barbería barber shop
barco ship, boat
barrer to sweep
barrera barrier
barrio neighborhood
basar to base
base f base
básquetbol m basketball
basta enough, a great deal
bastante (adj) enough

bastar to suffice
bastilla hem
basto rough, coarse
basura trash
bata bathrobe, robe
batallar to do battle, to
    have difficulties
batear to hit, bat
baúl trunk, chest
bautizo baptism
bayo (a) bay (horse)
bazo spleen
bebé baby
beber to drink
bebida drink, beverage
beca scholarship
béisbol m baseball
belleza beauty
bello (a) beautiful
bendecir (g,i) to bless
beneficiar to benefit
beneficio benefit
beneficioso beneficial
besar to kiss
biblioteca library
bicicleta bicycle
bien well, fine
bienes wealth, assets
bienestar well-being,
    welfare
bienvenido (-a) welcome
bilet lipstick
bilingüe bilingual
billete bill, ticket
billetera wallet
biología biology
blanco white
blusa blouse
boca mouth
boda wedding
boina beret
bolillo pen, bread
bolsillo pocket
bomba pump
bombardear to bombard
bonito (a) pretty
borrachera drunkenness

borrador eraser
borrar to erase
bosque m woods, forest
bota boot
botar to throw away, to bounce
bote vasija, barquito
botella bottle
botica drugstore
boticario druggist
botón m button
boxeo boxing
bracero farm laborer
Brasil (El) Brazil
brasileño (a) Brazilian
brazo arm
breve brief
brevedad f conciseness
bribón (n.) lazy
brillar to stand out, to shine
brincar (qu) to jump
brío spirit, vigor
broma joke
bromear to joke, jest
brusco rough, rude
buceador diver
bucear to skindive
buen good
buey m ox
búho eagle owl
bujía sparkplug, candle
burla mockery, ridicule
busca search
buscar (qu) to look for
búsqueda search
butaca seat in a theater
buzo diver
buzón m mailbox

C

caballero gentleman
caballo horse
cabello hair
caber (q,u) to fit
cabeza head
cabina booth, cabin

cable m cable
cada each
cadera f hip
caer (g,y)
café coffee, cafe
caída fall
caja box
cajero (a) cashier
calcio calcium
caldo broth
calendario calendar
calentura fever,
    temperature
calidad quality
calificación grade,
    qualification
calor heat, warmth
caloría calorie
calor heat
caluroso warm
calvo (a) bald
callado quiet
calle f street
callejón alley
cama bed
cámara camera
cambiar to change
caminar to walk
caminata walk, stroll
camino walk, road, way
camión truck, bus
camisa shirt
campana bell
campeón champion
campesino farmer
campo field, country
cana gray hair
Canadá (el) Canada
canadiense m or f Canadian
canal m chanel
cancelar to cancel
canción f song
cancha court, playing
    field
canica marble
cansancio tiredeness,
    fatigue

cansar to tire
cansarse to get tired
cantante m or f singer
cantar to sing
cantidad quantity
canto song
cañón cannon
capacitar to qualify
capaz f or m capable
capital m capital (assets)
capital f capital city
capítulo chapter
cara face
cárcel f jail
caracol snail
carácter m character, nature
característica characteristic
carambola carom, cannon
    (in billiards)
carbón m coal, carbon
carbonato carbonate
carecer to lack
carga burden
cargo position
cariño affection, love
cariñoso affectionate
carnaval m carnival
carne f meat
caro (a) expensive
carpintero carpenter
carpintería carpentry
carrera career, race
carretera highway
carro car
carta letter
cartel m poster
cartera wallet, handbag
cartero mailman
casa house, home
casar to marry;
casarse to get married
cassette (la,el) cassette
casi almost
caso case
catalán m Catalonian,
    (language & native of)
catálogo catalogue

cansar to tire
cantador m singer
cantante m or f singer
cantar to sing
cantidad quantity
canto song
caña sugar cane
cañón cannon
capacitar to train
capaz m or f capable
capital m capital (assets)
capital f capital city
capítulo chapter
cara face
cárcel f jail
carácter m character nature
característica characteristic
caracterizar to characterize
caramba gracious
carambola carom, cannon
¡caray! expression of anger
carbón m coal, carbon
carecer to lack
carga burden
cargo position
carne meat
caro (a) expensive
carpintero carpenter
carpintería carpentry
carrera career, race
carretera highway
carro car
carta letter
cartel m poster
cartera wallet, hadbag
cartero mailman
casa house, home
casar to marry;
  casarse to get married
casi almost
caso case
castellano Castillian, Spanish
castidad chastity
castigar (gu) to punish
casto chaste
castigo punishment
catálogo catalogue

catedral f cathedral
categoría class, category
católico Catholic
cauce m river bed
caudillo caudillo, chief
causa cause
cayo key, islet
caza hunting
cazo laddle, dipper, pot
cazuela cooking pot
cebolla onion
cebra zebra
cebú zebu, Asiatic ox
ceda f bristle
cegar (ie, gu) to blind
Celandia, Nueva New Zealand
celebrar to celebrate
celos m pl jealousy
cena dinner
cenar to have dinner
centro downtown, center
cepillo brush
cepillar to brush
cerca (de) near
cercano near
cerdo pig
cerebro brain
ceremonia ceremony
cerillo (a) match
cerrar (ie) to close
cerro hill
certeza certainty
cerveza beer
cesar to stop doing
césped m grass
ciclismo cycling
ciclo cycle
ciego blind
cielo sky
ciencia science
cierto certain, true
cigarro cigarette, cigar
cilindro cylinder
cine m movie theater
cinta tape
cintura waist
circunstancia circumstance

circundante surrounding
cita quotation, appointment
cítrico citrus
ciudad city
ciudadano citizen
claridad clarity
claro clear
clavar to nail
clase f class
clasificar (qu) to classify
clavo nail
cliente m or f client
clima m climate
clínica clinic, hospital
cobrar to collect
cobro collection
cocer (ue,z) to cook
cocido a Spanish dish
cocinar to cook
coco coconut
coctel cocktail
coche m car
codo elbow
cohete m rocket
colegio school
colgar (ue,gu) to hang
coloquial colloquial
color m color
coma comma
combate battle, struggle
combinación combination
combinar to combine
comedor m dining room
comenzar (ir,c) to begin
comer to eat
comida food
comienzo beginning
comillas f pl quotation marks
comino cumin
comité m committee
como as, like, since
cómo how
cómodo comfortable, convenient
compañía company
compartir to share
competencia competition
competidor (zc) competitor

complacer (zc) to please
complejo complex
complemento complement
completar to complete
complicar to complicate
componer (g) to compose, fix
compostura composture, a repair
compra purchase
comprar to buy
compras (ir de) to go
  shopping
comprender to understand
comprobante claim check
comprobar to verify
comprometerse to commit
  oneself
compromiso engagement
común common
comunicación communication
comunicar (qu) to communicate
con with
concebir (i) to conceive
conceder to grant
concretar to make specific
concurso contest
condado county
conducir (zc) to drive
conectar to connect
conexión connection
conferencia lecture
confesar (ie) to confess
confiado trusting
confianza trust, confidence
confrontar to confront
confundir to pursue
confuso confused, blurred
conjugación conjugation
conjugar (gu) to conjugate
conmigo with me
conminar to threaten
conocer (zc) to know
conocimiento knowledge
conquistador m conqueror
consecuencia consequence
conseguir (i) to obtain
consejero adviser
consejo advise

consentir (ie,i) to consent
conserje m or f janitor
considerar to consider
consigo with oneself
consonante f consonant
constitución constitution
constituir (y) to constitute
construir (y) to construct
consuelo comfort
consumidor m consumer
consumo consumption
contabilidad accounting
contador (a) accountant
contagiar to give or spread
    a disease
contaminar to pollute
contar (ue) to count
contener (g,ie) to contain
contento (a) happy
contestar to answer
contigo with you
continuar (ú) to continue
continuación continuation
contra against
contradecir (g,i) to contradict
contradicción contradiction
contrariar to vex
contratar to hire
contrato contract
contribuir to contribute
convenir (g,ie) to agree
conversación conversation
conversar to chat,to talk
convertible convertible
convertir (g,ie) to change
convidar to invite
cooperar to cooperate
copia copy
copiar to copy
coqueteo flirting
coquí frog in Puerto Rico
corazón heart
corbata tie
coreografía choreography
coro choir
corona crown
correcto correct

correo mail, post office
corriente f current
cortador (a) cutter
cortar to cut
cortés courteous
corto short
cosa thing
coser to sew
costar (ue) to cost
costumbre f custom, habit
cotidiano daily
crear to create
creciente growing
crecimiento growth
creencia belief
creer (y) to believe
crisis f crisis
criterio criterion
crítica criticism
cruzar (c) to cross
cuadra block
cuadro painting
cual which
cuál which, which one
cualidad quality
cualquier adj. any
    pron. anyone
cuánto how much
cubano (a) Cuban
cubeta bucket
cubo cube, bucket
cubrir to cover
cucharada tablespoonful
cucharadita teaspoonful
cuello neck
cuenta bill
cuento short story
cuerpo body
cuestión matter
cuidado care
cuidar to look after
culpable guilty
culpar to blame
cultivar to farm
cumpleaños birthday
cumplir to fulfill
cuñado brother-in-law

cupé coupe
cupo allotment, quota
cura m priest; f cure
curiosidad curiosity
curioso curious
curso course, class
cuyo whose

Ch

chaqueta jacket
chambelán companion
charco pool, pond
charla chat, talk
charlar to talk
checo (a) Czech
cheque m check
chequera checkbook
chico adj. small;
    n. boy
chileno (a) Chilean
chimenea chimney, fireplace
China (La) China
chino (a) Chinese
chofer m driver
chorrear to drip
churro fritter, culler

D

daño damage
desafiar (í) to defy
dato datum;
datos data
de of, from, than
debajo under
deber n, m, duty;
    v. ought to
debido p.p. due, proper
débil weak
debilidad weakness
décimo tenth
decir (g,i) to tell
dedicar (qu) to dedicate
dedo finger

defender (ie) to defend
dejar to let, to permit,
    to leave
del (de + el) of the
delantal m apron
delante (de) before, in front
delatar denounce (to)
delfín dolphin
delgado thin
deluir to dilute
demás (los) the rest
demasiado too much
demócrata democrat
demoler ((ue) to demolish
demorar to delay, to retard
dentista m or f dentist
dentro (de) inside, within
depender to depend
deporte m sport
depositar to deposit
depreciación depreciation
depresión depression
deprimirse to become
    depressed
derecha right (hand)
derecho straight, law
derogar (gu) to abolish
desahogar (gu) to relief
desahuciar to deprive of
    hope
desaparecer (zc) to dis-
    appear
desayunar to have breakfast
desayuno breakfast
descansar to rest
descolgar (ue,gu) to take
    down
desconocer not to know
descubridor m discoverer
descuento discount
descuidado careless
desde since, from
desdén m scorn
desear to wish
dictado dictation
dictáfono dictaphone
dictar to dictate

desempeñar to carry out
desempolvar to dust
desengaño disillusionment
desenlace outcome
deseo desire, wish
desequilibrio imbalance
desfile m parade
desgracia misfortune, misshap
desgraciado unfortunate
deshacer (g) to undo, to
deshecho pp. undone, destroyed
designar to designate
desigual uneven
despacio slow (by)
despectivo derogatory
despedida farewell
despedir (i) to fire, to dismiss
despedirse to say goodbye
despercudir to cleanse
desperdicio waste
desperdiciar to waste
despertar (ie) to awaken,
      to wake up
desprovisto devoid
después (de) after, afterwards
destinatario addressee
destruir (y) to destroy
detener (g,uve) to stop, (detain)
detergente detergent
detrás (de) behind
deuda debt
devaluar to devaluate
devolver (ue) to return,
      give back
día m day
diacrítico diacritical
      (accent)
diagonal diagonal
diagrama m diagram
dial daily
dialecto dialect, language
diario n diary, newspaper
      adj. daily
diccionario dictionary
dictado dictation
dictáfono dictaphone
dictar to dictate

dicho pp said
diente m tooth
diéresis f dieresis
dietista m or f dietist
diferenciar to differentiate
diferente different
diferir to defer, delay; differ
difícil difficult
difícilmente difficultly
dificultad f difficulty
dinero money
Dios God
diptongo diphthong
dirección address; direction
directo straight
director (a) director,
      principal
dirigir (j) to address, to
      head toward
discoteca discotheque
disculpar to excuse, pardon
diseñar to design
disfrazarse to disguise, to
      cloak
disfrutar to enjoy
disgustar to displease
disimular to pretend
disminuir (y) to diminish
disponible available
distinguir to distinguish
distinto different
distracción amusement
distraer (g) to distract
distraerse to amuse oneself
distribución distribution
diurno diurnal, daily
divertido enjoyable
divertirse (ie,i) to have a
      good time
divorciarse (de) to get a
      divorce from
docena dozen
dolor m pain
doloroso (a) painful
dominación domination
dominio dominion, control
domo dome

don title of respect
donativo donation, gift
donde where
dónde where?
dondequiera wherever
doña title of respect
dormir (ue,u) to sleep;
dormirse to fall asleep
dosis f dose
dote f dowry
droga drug
duda doubt
dudoso doubtful
dueño owner
dulce sweet, candy
duplicar (qu) to duplicate
durante during
duro hard

E

e and
economía economy, economics
Ecuador (El) Ecuador
ecuatoriano (a) Ecuadorian
echar to throw
edad age
edificio building
efecto effect
eficacia efficiency
Egipto Egypt
egipcio (a) Egyptian
egoísta m or f selfish
ejemplar exemplary
ejemplo example
ejercer (zc) to practice
ejercicio exercise
ejercitar to exercise
ejército army
el the
él he, him
elefante m elephant
elegante m or f elegant
elegir (i,j) to elect (choose)
elocuente eloquent
ella she, her

ellos (as) they
embarcar (qu) to go on
    board
embargo (sin) nevertheless
embestir (i) to charge, to
    attack
empacar (qu) to pack
empacadora packing house
empanada small meat pie
empañar to blur, to cloud
empeorar to get worse
empezar (ie,c) to start
empleado (a) clerk,
    employee
emplear to employ, to use
empleo job, use
empresa company
en in, on, at
enamorado (de) to be in
    love with
encantador charming
encantar to charm, to
    delight
encararse to face
encargar (gu) to entrust,
    put in charge
encender (ie) to turn on,
    to light
encerar to wax
encerrar (ie) to shut or
    lock in
encima above
encoger (j) to shrink
encontrar (ue) to find
encrucijada crossroads
enchiladas Mexican dish
enchinar to curl hair
énfasis m emphasis
enfermarse to become sick
enfermedad sickness
enfermo sick
enflacar to get thin
enfocar (qu) to focus
enfrentarse to confront
enfriar to chill, cool
enfurecerse to confront
engañar to fool, to cheat

engaño trick
engullir to gulp down
enhorabuena congratulations
enjabonar to soap
enloquecerse (zc) to go mad
enmaderado woodwork
enmascarar to mask
enmascararse to wear a mask
en medio in the middle
enmohecer (zc) to rust,
    make moldy
enmohecido rusty, moldy
enojado angry, annoyed
ensalada salad
ensayar to rehearse
enseguida immediately
enseñanza teaching
enseñar to teach
enseres household goods,
    utensils
ensuciar to dirty
entablillar to splint
entender (ie) to understand
enterar to inform
enterarse to learn, find out
entero whole, entire
enterrar to bury
entonces then
entrar to enter
entre between, among
entregar (ue) to give
entrevista interview
enviar (í) to send
envidia envy
envío remittance
envolver (ue) to wrap
enyesar to plaster
epiteto epithet
época epoch
equipaje m luggage
equipo team, equipment
equivaler to equal
equivocación mistake, error
equivocarse to be wrong
error m mistake, error
esbelto (a) slender
escalera stairway, ladder

escalón step
escoger (j) to choose, to pick
escombrar to clear
escribir to write
escrito pp written
escritor m writer
escritorio desk
escuchar to listen
escuela school
ese that
ése that one
esdrújula (palabra) word
    with stress on second-
    to-last-syllable
esencia essence
esencial essential
esfuerzo effort
eso that
espalda back
espantar to frighten
España Spain
español Spanish, Spaniard
especial special
espectáculo espectacle
especular to speculate
espejismo mirage
esperanza hope
esperar to wait
espía m or f spy
espiar to spy
espina thorn
espinaca spinach
espíritu m spirit
espolvorear to dust,
    sprinkle
esponja sponge
esposa (o) spouse
esquí m ski
esquiar (í) to ski
esquina corner
esta this
ésta this one
establecer (zc) to establish
estación station, season
estacionar to park
Estados Unidos United States
estambre worsted yarn

estampilla stamp
estar to be
estatura height
este this
éste this one
estimado (a) dear
esto this
estomacal pert. to stomach
estómago stomach
estopa burlap, cloth
estos these
estrecho narrow
estrella star
estrellarse to crash
estricto strict
estudiante m or f student
estudiar to study
estudio study
estufa stove
etapa period
eterno eternal
Europa Europe
evaluar (ú) to evaluate
evitar to avoid
exagerar to exaggerate
excursión tour
exhalar to exhale
exigencia demand
exigir (j) to demand
existir to exist
éxito success
exitoso successful
expedir (i) to issue
experiencia n. an experience
experimentar to experience
explicar (qu) to explain
explorar to explore
explotar to explode,
exponer to expose
exportar to export
exprés express
extender (ie) to extend
externo external
extinguir to extinguish
extraer (g) to extract
extranjero n, adj. foreigner
extrañar to miss

extrañar to miss
extremo extreme

F

fábrica factory
fácil easy
facilidad facility
factura invoice
faja girdle
falda skirt
falso false
falta lack, error
faltar to need
fallecer to pass away
fallecimiento a passing away
falla fault defect
familia family
familiar adj. familiar
    n relative
fantasma phantom, ghost
fascinante fascinating
fase f phase
fastidiar to bother
fatuo fatuous, foolish
favor m favor
fecha date
felicidad happiness
felicitar to congratulate
feligreses parishioners
feliz f or m happy
fenómeno phenomenon
feo ugly
feroz ferocious
ferrocarril railroad
fértil fertile
festejar to celebrate
fiar to trust, sell on
    credit
fiebre f fever
fiel f or m loyal
fiesta party, celebration
fijar to fix
fila row
filosofía philosophy
    fin end

final adj. final
finca farm
fines (a fines de) at the
    end of
fingir (j) to pretend
fino fine, refined
firma signature
física physics
físico physical
flaco (a) thin
flirteo flirting
flojo (a) lazy, loose
flor f flower
flotar to float
floripondio flower print
folclórico folkloric
follaje m foliage
folleto brochure
fondo bottom
forastero stranger
formar to form
fórmula formula
foto f photo
fotocopia photocopy
fotografía photography
fotográfico photographic
fotógrafo photographer
fracasar to fail
francés French
Francia France
frase f phrase
frecuencia frequency
fregadero sink
freír (í) to fry
frenar to brake
frente m front
        f forehead
fresa strawberry
frijol m bean
frío cold
frito pp. fried
frontera frontier, border
fruta fruit
fuego fire
fuente f source, fountain
fuera outside
fuerte strong

fuerza strength
fumar to smoke
función function
funcionar to work, to
    function
fundar to found, to
    establish
funeraria funeral home
fútbol or **futbol** soccer,
    football
futuro future

G

gafas f pl eyeglasses
galgo greyhound
galeón m galleon
gallego Galician
gallinero chickencoop
ganado cattle
ganador m winner
ganar to win, to earn
garaje garage
garbanzo chick pea
gastar to spend (money)
gato cat
gaveta drawer
género gender
gente f people
geografía geography
geranio geranium
gerente manager
gerundio gerund
gigante m or f giant
gimnasio gymnasium
girar to spin, to draw
girasol sunflower
giro money order
gobierno government
golondrina swallow
golpe m blow
golpear to hit
gordo fat
gorrión house sparrow
gotear to leark
gozar (c) to enjoy

grabar to record
gracias thanks
grado degree, grade
graduarse to graduate
gramática grammar
gramo gram
gran great
grasa grease
grato pleasant
grave adj. serious
Grecia Greece
griego Greek
gritar to scream
grito scream, shout
grueso heavy, thick
grupo group
guantes gloves
guardar to keep
güiro musical instrument
guardia guard
guayabera men's shirt
guerra war
guerrero warrior
guía m or f guide
guinda violet color
gusano caterpillar
gustar to be appealing
gusto pleasure

H

Habana (La) Havana
haber aux. v. to have
habilidad ability
habitante m or f inhabitant
habitación bedroom
hábito habit
hablar to speak, to talk
hacer (g) to do, to make
hacia towards, about
    (around)
hacienda ranch, finances
hacha m ax
halagar to please
hallar to find
hamaca hammock

hambre f hunger
hampón rowdy, delinquent
harina flour
hasta until, even
hatajo small herd of flock
hecho m deed, fact,
    pp done
hegemonía hegemony
helado ice cream
hembra female
heredar to inherit
heredero heir
herida wound
hermana (o) sister
hermandad brotherhood
héroe m hero
heroína f heroine
hervir (ie,i) to boil
hiato hiatus
hidrógeno hydrogen
hielo ice
hierba grass
hierro iron
higienista m or f hygienist
hija daughter
hijo son
hilo thread
himno hymn
hindú Hindu
hipócrita m or f hypocrite
historia history
histórico historic
historieta comic book
hocico snout, muzzle
hogar m home
hoja leaf
hojear to skim through
hola hello
holandés Dutch
holgazán lazy
hombre man
hombro shoulder
hondo deep
hongo mushroom
hora hour
horno oven
hospital hospital

hotel m hotel
hoy today
huella print, track
hueso bone
huésped m or f guest
huevo egg
huir (y) to flee
humedad humidity
húmedo humid
humo smoke
humor humor, temer
huracán hurricane
hipogeo wedding
hipoteca mortgage
hipotecar (qu) to mortgage
hispano Hispanic
histérico (a) hysterical

I

idea idea
identidad identity
identificar (qu) to identify
idioma m language
idiota m or f idiot,
    idiotic
ídolo idol
iglesia church
ignorar not to know, to
    ignore
igual same, equal
iguana iguana (tropical
    lizard)
iluminar to illuminate
imaginar to imagine
imitar to imitate
impacto impact
impedir (i) to prevent,
    to impede
imperfecto imperfect
imperio empire
impermeable m raincoat
implantar to implant
implícito implicit
imponer (g) to impose
importancia importance

importar to matter, to
    import
imposible impossible
imprescindible essential
imprevisto unexpected
imprimir to print
inadecuado inadequate
incendiar to set on fire
incendio fire
incertidumbre f uncertainty
incitar to incite
inclinar to incline
incluir (y) to include
increíble incredible
incrementar to increase
incrustar to incrust
inculcar (qu) to inculcate,
    to teach
incursionar to explore, to
    make inroads
independencia independence
indicar (qu) to indicate
indígena m or f indigenous,
    native
indiscutible unquestionable
individuo individual, person
inesperado unexpected
infeliz unhappy
infinitivo infinitive
inflación inflation
inflamar to catch on fire
influir (y) to influence
influjo influence
ingeniería engineering
inglés English
ingles (las) groins
ingrato ungrateful
ingrediente m ingredient
ingreso income
inhalar to inhale
inherente inherent
inigualable unequaled
inmediato immediate
inmigración immigration
inmolar to immolate
inmortal immortal
inocente m or f innocent

inquieto restless
inquietud restlessness
insistir to insist
instante m instant
instruir (y) to instruct
insultar to insult
insustituible irreplaceable

inteligente m or f
    intelligent
intentar to attempt
intercalar to insert
interés m interest
interpretar to interpret
interrogación question
intervención intervention
intervenir (g,ie) to
    intervene
intimidad intimacy
intransigente intransigent
introducir (zc) to
    introduce
inundar to flood
inútil useless
invadir to invade
inversión investment
invertir (ie,i) to invest
invitar to invite
ir to go;
    irse to leave
ira wrath, anger
ironía irony
irremediable hopeless
isla island
itinerario itinerary

J

jabón soap
jabonera soap dish
jactarse to boast
jalea jam, fruit paste
jamás never, ever
jamón m ham
Japón (El) Japan
japonés Japanese

jardín garden
jardinero m gardener
jefe m boss
jícama potato-life fruit
jirafa giraffe
joven young (man, woman)
joya jewel
juego game
juez m or f judge
jugador (a) player
jugar (ue,gu) to play
jugo juice
juguete toy
juicio judgment
junta meeting
junto (a) near, next (to)
juntos together
justicia justice
juventud youth

K

kaki khaki
kermesse fair, festival
kilo kilo, kilogram
kilómetro kilometer
kiosko kiosk, newstand

L

la pronoun her, it, you,
    article the
labios lips
labor f labor
labrador farmer
labrar to farm, cultivate
lado side
ladrón m thief
lago lake
lágrima tear drop
lana wool
lanzar (c) to launch, to
    pitch
lápiz m pencil
las pro. them, you; art. the

lasitud lassitude
lástima pity
lastimar to hurt
latín Latin
lavar to wash
le (to) him, her, you
lección lesson
lectura reading
leche f milk
lechero milkman
lechuga lettuce
leer (y) to read
legumbre vegetable
lejos (de) far (from)
lengua tongue, language
lento slow
leña firewood
león lion
les (to) them, you
letra letter
letrero sign
levantar to raise, to lift
levantarse to get up
léxico adj lexical;
       n lexicon
ley f law
libertad freedom
libra pound
libre free
librería bookstore
libro book
licenciado lawyer,
      college graduate
líder leader
limpiar to clean
limpieza cleanliness
línea line
lingüística linguistics
líquido liquid
lista list
listo ready, smart
lo him, it, you
loco crazy, mad
lodo mud
lógico logic
lograr to achieve
logro achievemente

loro parrot
los pron. them, you
    article the
lotería lottery
lucha fight, struggle
luchador wrestler
lucha libre wrestling
luego therefore, later
lugar m place
lujo luxury
lujoso luxurious
luna moon
luz light

Ll

llama flame
llamada call
llamar to call
llano plain
llave key
llavero keychain
llegada arrival
llegar to arrive
llenar to fill
lleno full
llevar to take
llorar to cry
llover (ue) to rain
lluvia rain

M

maceta flower pot
machote rought draft,
    hammer
madera wood
madero log
madre f mother
madrina godmother
madrugada dawn
maduro ripe
maestro teacher
maestría Master's Degree
mafia Maffia

magia magic
magnífico great, magnificent
magnitud magnitude
maíz m corn
mal bad, sick
    menos mal good thing,
        lucky
maldecir (g,i) to curse
malestar pain
maleta suitcase
maletín m attaché case
malo bad, evil, sick
malla mesh
mamá mother, mom
manatí manatee
mancha spot, stain
mandar to send
mandato command, order
manejar to drive
manera manner, way
maní peanut
manifestación manifestation
manifestar (ie) to manifest,
    to state
manipular to manipule
mano f hand
mantel tablecloth
mantener (g,ie) to maintain,
    to keep
mantenimiento maintenance
mantequilla butter
manufacturar to manufacture
manuscrito manuscript
manzana apple
mañana tomorrow, morning
    pasado mañana day
        after tomorrow
mañoso skillful
mapa m map
máquina machine
máquina copiadora copying
    machine
máquina de escribir
    typewriter
mar m or f sea
maravilla marvel
marca make, brand

marcar (qu) to mark, to dial
marcial martial
marchar to march
marcharse to leave,
    to go away
mariachi m Mexican
    band musician
marido husband
marinero sailor
mariposa butterfly
marisco seafood
marítimo adj. sea,
    marine
mármol marble
mártir m or f martyr
mas but
mas no por eso but not
    because of that
más more
más que nunca more
    than ever
masa dough
masaje massage
masculino masculine
masticar (qu) to chew
matar to kill
materia subject
material m material
materno maternal
matricularse to register
    matrimonio marriage
maullar to meow
máximo maximum
Mayagüez city in Puerto
    Rico
mayor older, greater,
    bigger, oldest, great
mayoría majority
mayúscula capital letter
me (to) me, myself
mecánico mechanical
mecanizado mechanized
mecer (z) to rock
mediados: a mediados de
    about the middle of
medicina medicine
médico doctor

medida measure, measurement
medieval medieval
medio half, middle, mean;
    environment;
    por medio de by means of
mediodía noon
Medio Oriente Middle East
medir (i) to measure
meditar to meditate
mediterráneo mediterranean
mejor better, best
    a lo mejor maybe
mejorar to improve
menciona to mention
menguar to lessen
menos minus, less, fewer
menor younger, smaller,
    youngest
mensaje m message
mensajero messenger
mente f mind;
    tener en mente to keep in mind
mentir (ie,i) to lie
mentira a lie
menudo Mexican dish
    a menudo often
mercado market
merecer (zc) to deserve
mérito merit
mes m month
    mes en curso this month
    mes entrante next month
mesa table
mesera waitress
mestizaje racial mixing
meta goal
metal m metal
meter to put into
mexicano Mexican
mezcal Mexican drink
mi (s) my
mí to me
miedo fear
miel f honey
miembro member
mientras while
migración migration

militar military
milla mile
millón m million
mineral m mineral
mínimo minimal
minoría minority
minuto minute
mío (-a,-os,-as)
    mine, of mine
mirar to look at
misa mass
mismo same; self;
    por eso mismo
    because of that
mitad f half
moda fashion
modelo m or f model
modificar (qu) to modify
modismo idiom
modista m or f dressmaker
molécula molecule
moler (ue) to grind
molestia discomfort
moneda coin
monosílabo one syllable
    word
montar to ride
morada living quarters
moral f morals; morale
morder (ue) to bite
morir (ue,u) to die
mostrar (ue) to show;
    mostrarse to appear
motivo reason, motive
moto f motorcycle
motor m motor
mover (ue) to move
mucho (-a,-as,-os) much,
    a lot; pl. many
mueble m (piece of)
    furniture
muela molar, tooth
muerte f death
mujer f woman
multiplicar (qu) to multiply
mundo world;
    todo el mundo everybody

museo museum
música music
músico musician
muy very

M

nacer (zc) to be born
nacimiento birth
nación nation
nacionalidad nationality
nada nothing
nadar to swim
nadie no one, nobody
nariz f nose
narrar to narrate
natación swimming
natal adj of birth
naufragar (gu) to be
    shipwrecked
nave f ship
navegable navigable
navegar (gu) to sail,
    to navigate
Navidad(es) Christmas
necesario necessary
necesito to need
negar (ie,gu) to deny,
    to refuse
negocio business
    (transaction)
negro black
neutro neuter
nicaragüense from
    Nicaragua
nieta granddaughter
nieto grandson
nieve f snow
ningún no, none, not any
ninguno (-a,-os,-as) no,
    none, not any
niña girl
niñez childhood
niño boy, child
nivel m level
nocturno adj. nocturnal

noche f night,
    esta noche tonight
Nochebuena Christmas Eve
nombre m name; noun
norteamericano North American
norteño northern, northener
nos to us, ourselves
nosotros (-as) we, us
nota grade, mark, note
notar to note, to observe,
    to take notice of
noticia news
noticiero newscast
novelista m or f novelist
novio boyfriend, fiancé
nube f cloud
nuera daughter-in-law
nuestro (-a,-os,-as) our
nuevo new
    de nuevo again
número number
numeroso numerous
nunca never, (not) ever;
    más que nunca more
    than ever
nupcias pl wedding

O

obedecer (zc) to obey
objeto object
obligar (gu) to oblige,
    to compel
obra work
obrar to act
obsequiar to present with
    a gift
observar to observe
obstáculo obstacle
obstante (no) however,
    nevertheless
obtener (g,ie) to obtain
obvio obvious
ocasión occasion; cause
océano ocean
ocultar to hide

ocupado busy
ocupar to occupy
ocurrir to happen, to
    occur
odiar to hate
odio hate
odontología odontology
oeste m west
oferta offer
oficial official
oficina office
ofrecer (zc) to offer
oído ear
oir (g,y) to hear
ojalá I (we) wish, hope
ojeada glance
ojo eye
ola wave
oler (h + ue) to smell
olvidar to forget
onza ounce
opción option
operar to operate
opinar to give one's
    opinion
opinión opinion
opípara sumptuous
oportunidad opportunity
optativo optional
optimista m or f optimist
opuesto opposite
oración sentence, prayer
orden m order, neatness
    f command
ordenar to order
organización organization,
    arrangement
organizar (c) to organize
orgullo pride
orientación orientation
origen m origin
orilla shore
oriundo native of
oro gold
orquesta orchestra
ortografía orthography
ortopedista Orthopedist

os to you, pl., fam.
oscuridad darkness
oscuro dark
óseo bony
oso bear
otro (-a) other, another
oveja sheep
oxígeno oxygen

P

paciencia patience
paciente m or f patient
Pacífico Pacific
pacto pact
padecer (zc) to suffer
padre m father,
    padres parents
padrino godfather
pagar (gu) to pay
pago payment
país m country, nation
paisaje m landscape
paja straw
pájaro bird
palabra word
paloma dove
pan m bread
panadería bakery
Panamá Panama
panorama m panorama
pantalón m pant(s)
papá m father, dad
Papa n Pope
    papa f potato
papel m paper
paquete m package
par pair
para for, to, by, toward
    according to, in order to
paraguas umbrella
Paraguay (el) Paraguay
paragüería umbrella shop
paraje m place
paralizar (c) to paralize
parar to stop, to stay

pararse to stand up
parecer (zc) to seem
pared f wall
pareja couple
paréntesis m sing or pl
    parenthesis
pariente m relative
parque m park
párrafo paragraph
parte f part
participar to participate
particular private
partido game
partir to break, to split,
    to leave, to depart
parra grapevine
pasa raisin
pasado past
pasajero passenger
pasaporte m passport
pasar to pass, to happen,
    to spend (time)
    pasar de largo to go by
Pascua Easter, Passover
pasear to take a walk
paseo boulevard, stroll
pasillo hall
pasivo passive
paso step
pastel m pie, cake
pastilla pill
pasto grass
patinar to skate
pato duck
patrón m pattern, patron
pavo turkey
paz f peace
peatón pedestrian
pedazo piece, chunk
pedido order
pedir (i) to ask, to
    request, to order
    pedir prestado to borrow
peña rock
peinar (se) to comb
película movie
peligro danger

pelo hair
pelota ball
peluquero barber, hairdresser
penetración penetration
penetrar to penetrate
península peninsula
penoso timid
pensar (ie) to think
penúltimo one bef. last
peor worse, worst
pequeño small
percatarse to become aware
percibir to perceive
perder (ie) to loose, to
    miss
pérdida loss
perdiz partridge
perdonar to forgive
perezoso lazy
perfeccionar to perfect
perfecto perfect
perico parrot
perímetro perimeter
periódico newspaper
permiso permission
permitir to permit
pero but
perro dog
personaje m character
personificar (qu) to
    personify
pertenecer to belong
pesado heavy
pésame: dar el pésame to
    give one's condolences
pesar to weight
pesca fishing
pescar (qu) to fish
peseta peseta (monetary
    unit of Spain)
pesimista m or f pessimist
peso weight;(monetary unit)
pestaña eyelash
petróleo diesel
pez m fish
pianista m or f pianist
picante hot, spicy

pie _m_ foot;
   estar de pie to be standing up
piedra stone
piel _f_ skin
pierna leg
pieza piece, part
piloto pilot
pimienta pepper
pingüino penguin
pino pine tree
pintar to paint
pintor _m_ painter
piñata claypot filled
   with candies
pioner pioneer
pirámide _f_ pyramid
pirata _m_ pirate
pisar to step on
pizarra blackboard
placer (zc) to please,
   _m_ pleasure
planeta m planet
plantar to plant
plata silver
plátano banana, plantain
platicar to talk
platillo saucer, dish
plato dish, plate
playa beach
plaza square, plaza
población population
pobre poor, unfortunate
poco a little
podar to prune
poder (ue,u) to be able to,
   can, _n_ power
   estar en su poder
   to reach, to have received
poderío might, power
poderoso powerful
poema _m_ poem
poesía poetry, poem
poeta _m_ or _f_ poet
policía _m_ policeman
poligamia polygamy
político politician
pollo chicken

pompa pump
poner (g) to put
popular popular
popularidad popularity
por because, in, for, by
   through
porciento _m_ percent
porque because
por qué why
portátil portable
portugués _m_ Portuguese
posada shelter
posar to pose
posesión possession
poseedor _m_ possessor
posición position, rank
posponer (g) to postpone,
   to put after
postre _m_ dessert
práctica practice
practicar (qu) to practice
precaución precaution
preceder to precede
precio price
precioso beautiful,
   precious
precisar to be necessary
preferir (ie,i) to prefer
pregunta question
preguntar to ask
premio prize
prensa press
preocupar to worry
preparar to prepare
preposición preposition
presentar to present, to
   introduce
préstamo loan
prestar to lend, to loan
presumir to boast
pretérito past, preterite
prever to anticipate
previamente previously
primavera spring
primer (o) first
primo cousin
principiar to start

prisa haste
privado private
probar (ue) to try, taste
problema _m_ problem
producir (zc) to produce
proeza exploit
profundidad depth
programa _m_ program
progresivo progressive
prohibición ban, prohibition
prohibir to prohibit
prójimo fellow person
prometer to promise
pronombre _m_ pronoun
pronto soon
pronunciación pronunciation
pronunciar to pronunciate
propiciar to propitiate, cause
propiedad property
propósito intention,
    purpose
proteger (j) to protect
proyecto project
próximo next
prueba test, proof
psicología psychology
pueblo town, people
puente _m_ bridge
puerta door
pues well
puesto _pp_ placed, put
    _n_ position
pulgada inch
pulir to polish
pulmón _m_ lung
punto dot, period
    dos puntos colon
puntuación punctuation
puño fist

Q

que that, which, who,
    whom, than
qué what
    por qué why

quebrado fraction
quedar to be, to have
    (something) to remain
quedo quietly, softly
queja complaint
    quejarse to complain
querer (ie) to want, to love
querido (a) dear
querubín cherubim
queso cheese
quien (ue) who, whom, that
química chemistry
químico chemist
quirúrgico surgical
quitar to take away,
    to take off
quizá (s) maybe

R

rabino rabbi
radio _m_ or _f_ radio
raíz _f_ root
rama _m_ branch
rana frog
rapidez _f_ rapidity
rápido fast
raqueta racket
raro rare
rato short time
raya line
raza race
razón _f_ reason
realizar (c) to undertake.
    to carry out
    realizarse to become
recabar to gather funds
recado message
receta recipe
recibir to receive
recibo receipt
    acusar recibo to acknowledge
recibimiento a reception
recién recently
recíproco reciprocal
recoger (j) to pick up

recordar (ue) to remember
recurrir to resort, to
    revert
recurso resource
rechazar (c) to reject
redondo round
reducir (z) to reduce
refresco soft drink
refrigerador m refrigerator
refugiado refugee
regalar to give (a gift)
regalo present
regazo lap
región region
regla rule
regionalismo regionalism
regresar to return, to
    come back
reina queen
reír (í) to laugh
reiterar to reiterate
relato story
reloj m watch, clock
rellenar to fill, stuff
remitente sender
renovar (ue) renew
repaso review
repetir (i) to repeat
reponer (g) to replace
representar to represent
representante representative
república republic
requerir (ie,i) to require
    to be necessary
res f head of cattle
rescatar to rescue
resentir (ie,i) to resent
reservación reservation
resistir to resist
resolver (ue) to solve
resonar to resound
respectivamente respectively
respectivo respective
respecto a with respect
    to, with regard to
respetablemente respectfully
respetar to respect

respeto respect
respirar to breathe
respuesta answer
restar to substract
restaurán m restaurant
resto rest
resucitar to resucitate
resuelto pp solved
reunir (ú) to meet, to gather
revisar to review, to check
revista magazine
rey m king
rezar to pray
rico rich, wealthy
río river
robar to steal
robo theft
rodear to surround
rodilla knee
rogar to beg
rojo red
romper to break, tear
ropa clothes
ropero closet
roto pp broken, torn
rozar to scrape, scratch
rubí m ruby
rubio blonde
ruido noise
ruin base, despicable
ruso Russian

S

saber to know, to taste;
    m knowledge
sabía wise man
sabroso delicious
sacar (qu) to take out
sacapuntas pencil sharpenner
saco bag, coat
sacudir to shake, dust
sal f salt
sala living room
salida exit
salir (g) to leave, to go out

salón m room
salsa sauce
salud health
saludable healthy
saludar to greet, say
    hello
San saint
sandía watermelon
sangre f blood
sano healthy
santo saint; adj. holy,
    saintly
    día del santo saint's
    day
sarampión m measles
satisfacer (g) to satisfy
satisfecho pp satisfied
se (to) him, her, you, it
    them; himself,herself
    itself, yourself,
    oneself, yourselves,
    themselves;
secar (qu) to dry
seco dry
secretaría secretary's
    office
secretario secretario
sed f thirst
seda silk
sediento (a) thirsty
seguida (en) immediately
seguir (i) to continue,
    to follow, to go on;
    to take (a course)
según according to
seguro insurance
sello stamp; imprint
semana week
sembrar (ie) to plant
semejante similar
semestre m semester
sencillo easy, simple
sentar (ie) to sit,to lay
    sentarse to sit down
sentido sense
sentir (ie, i) to feel

señal f signal
señalar to point out
señor gentleman, Mr.
señora lady, Mrs., wife
señorita Miss
séptimo seventh
sequedad dryness
ser to be; m being
servir (i) to serve
sexo sex
si if
sí yes, indeed
siempre always
sien f temple
sierra saw
siesta nap
siglo century
significado meaning
significar (qu) to mean
siguiente following
sílaba syllable
    sílaba tónica stressed
    syllable
silla chair
sillón m armchair
simpático nice, charming
sin without
    sin embargo nevertheless
sino but
síntoma m sympton
sinvergüenza scoundrel
sistema m system
sitio place
soberanía sovereignty
sobresdrújula (palabra) word
    with stress on third to
    the last syllable
sociología sociology
sofá m sofa
sol m sun
solicitar to apply; to ask
solicitud application
solo alone
sólo only, just
soltero single, unmarried
son (un) a tune

sonar (ue) to sound
sonido sound
sopa soup
soplar to blow
sórdido sordid
sostener (g,ie) to sustain
sótano basement
su (s) her(s), his, its,
    their(s), your(s)
subir to rise, to go up
subrayar to underline
subterráneo underground
suceso event
suciedad dirt
sucio dirty
sucursal f branch
sudar to sweat
suegra mother-in-law
suegro father-in-law
sueldo salary
suelo ground;floor
sueño dream;
    tener sueño to be
    sleepy
suerte f luck
suéter m sweater
sufrir to suffer, to
    undergo an ordeal
sugerir (ie,i) to suggest
sujeto subject
supermercado supermarket
suplantar to supplant
supuesto (por) of course
supurar to suppurate
sur m south
surgir (j) to emerge
suroeste m southwest
sustantivo noun
substituir (y) to
    substitute
suyo (-a,-os,-as) his,her
    your, its, their,of
    yours, of his,of hers
    of its, of theirs

T

tal such (a), certain
taller m workshop
tamal m tamale
también also
tampoco neither
tan as, so
tanto (-a,-os,-as) as
    much, so much
tapa cover
tapar to cover
taquigrafía shorthand
tardar to delay
tarde f afternoon, late
tarea homework
tarjeta card
tasa rate
taza cup
te to you
té m tea
tejer to knit
tela material
telefonear to telephone
teléfono telephone
telenovela soap opera
televisión television
televisor m television set
tema m subject, theme
temer to be afraid of
temperatura temperature
tempestad storm
temporada season
temprano early
tenaz tenacious
tender (ie) to tend
tener (g,ie)to have, to hold
terapéutica therapeutic
terapia therapy
terco stubborn
terquedad stubborness
territorio territory
tesoro treasure
testigo m or f witness
tía aunt
tiempo time, weather
tienda store
tierno tender
tierra earth, soil, land

tío uncle
típico typical
título title, degree
toalla towel
tobillo ankle
tocadiscos m sing pl
    record player
tocar (qu) to knock, to
    play (an instrument)
tocino, tocineta bacon
todavía still;
    todavía no not yet
todo all, everything
tomar to take, to drink
tomate m tomato
tomatillo green tomato
tonto fool adj. foolish
    stupid
toreo bullfight
tormenta storm
toro bull
tortilla cornmeal cake,
    omelette
toser to cough
trabajador m worker
trabajo work
traducción translation
traducir (zc) to translate
traer (g) to bring
tráfino traffic
tragar to swallow
tragedia tragedy
traje m suit, dress
tranquilizar (c) to calm
    down
tranquilo calm
tranvía m cable car
tras behind, after
trasfondo background
tratar to try
través, a través de through
trayecto trajectory
trazar to trace
tren m train
trimestre m quarter
triptongo triphthong
triste sad

triunfar to succeed
tropezar (ie,c) to stumble
trópico tropic
trozo piece
tu your
tú you (familiar)
tubo tube
túnel m tunnel
tupir to clog
turista m or f tourist
tutearse to address each
    other with "tú"
tuyo you, yours

U

u or
ubicar to locate
último last
un (o) (a), an; one
ungüento ointment
único only, sole, unique
unidad unit, unity
unir to unite
universidad university
unos (-as) some, about
uñas nails
Uruguay (el) Uruguay
usar to use
uso use
usted you (formal);
    ustedes you (formal or
    informal)
utensilio utensil
útil useful
uva grape

V

vaca cow
vacaciones vacation
valer (g)to cost, to be worth
valioso valuable
valor m value, price
variedad variety

varios several
varón male
vaso glass
vecindario neighborhood
vecino neighbor
vegetal m vegetable
vehículo vehicle
velocidad speed
veloz fast
vencer (z) to overcome
vender to sell
venir (g,ir) to come
ventaja advantage
ventana window
ver to see
verano summer
verbo verb
verdad truth
verdadero true
verde green
verdura vegetable
vergüenza shame
vestido dress
vestíbulo hall
vestir (i) to dress
    vestirse to dress
vez f time;
    a veces at times
vía road, street
viajar to travel
viaje m trip
viajero traveler
víctima victim
vid f grapevine
vida life
viejo old
vinagre m vinager
vino wine
violencia violent
visitar to visit
visto pp seen
vivaz lively, vivacious
víveres provisions
vivir to live

vocal f vowel
volver (ue) to come
    back, to return
vos you
vosotros you
votar to vote
voz f voice
vuelo flight
vuelto pp returned
vuestro your

X

xenofobia xenophobia
xilófono (marimba) xilophone

Y

y and
ya now;
    ya que since, in as much
yacer (zg) to lie, to rest
yarda yard
yegua mare
yema yolk
yerno son-in-law
yo I

Z

zanahoria carrot
zapato shoe
zona zone
zoológico zoo
zorro fox
zumo juice

AUTHORS

Mirta A. González of California State University, San Bernardino, wrote the chapters on nouns, adjectives and on the past tenses, simple and compound, indicative and subjunctive. She also contributed materials to all orthographic sections. In addition, she is responsible for selecting and adapting the reading selections for chapters 5,6,8,10,11,12, and 13.

Alfonso González of California State University, Los Angeles, wrote the remaining grammar chapters and reading selections. He also contributed to the orthographic sections. Both authors are responsible for the final version and revision of the manuscript.